ORESTE SORIA

CRISTO

è

COMUNISTA

Appunti e riflessioni di un semplice cittadino

su quella che potrebbe essere una valida

alternativa allo stallo o addirittura

al regresso della politica di oggi

A mio padre

PREFAZIONE

Viviamo in un periodo delicato della nostra storia. Finiti i decennali equilibri imposti dalla D.C. si impongono nuovi centri di poteri in balia soprattutto di grossi interessi finanziari che sfruttano cinicamente continue e mutevoli alleanze fra quelli che ancora oggi sono i grandi burattinai della politica.

I partiti hanno ormai perso le loro basi ideologiche perché gli interessi e i bisogni della gente vanno oltre qualsiasi ideologia e sono tenuti insieme da ambizioni personali con le quali si affrettano a colmare i grandi vuoti di potere che i grandi assenti sono stati costretti a lasciare All'apparente cambiamento di uomini e cose si contrappone un reale stallo della politica confermato, tra i tanti, da un tasso di disoccupazione intollerabile. Si avverte pertanto l'esigenza esasperante di nuovi orizzonti. Non bisogna cambiare gli uomini per creare solo nuove dinastie e nuovi focolai di potere

Bisogna cambiare le regole affinché gli uomini cambino e si succedano continuamente al fine di evitare ogni preservazione del potere che deve essere gestito da una rotazione di illustri sconosciuti. Uno dei motivi dello stallo dell'attuale politica è la personificazione della stessa. Non è più accettabile e tollerabile che il buon fine della politica debba necessariamente dipendere dalla più o meno buona e magari improvvisata interpretazione di chi oggi ci rappresenta. Bisogna cambiare le cose, creare una nuova coscienza che dia voce e coraggio ad una nuova volontà popolare capace di riformare tutto il sistema dello Stato. La politica deve essere sovrana perché deve occuparsi di principi generali e per essere esercitata ha necessariamente bisogno di un elemento sovrano che è il solo popolo nella sua unità ideale, nella sua totalità, collettività e generalità dei cittadini. Si avverte l'esigenza di un nuovo Stato di gran lunga diverso da quello attuale, dove pochi controllano molti interessi. È al contrario necessaria una forma di governo dove ci sia la partecipazione popolare e quindi la democrazia diretta.

Bisogna indicare al popolo i mezzi necessari per la costruzione di un nuovo Stato affinché prenda piena coscienza del potere sovrano che solo esso potrà esercitare su sé stesso, perché solo chi si vuole bene si fa del bene. Questo cambiamento non è un'utopia, non è un'analisi impossibile, né tantomeno un consiglio o una proposta, ma un passaggio obbligato che chi cercherà di contrastare potrà solo rallentare nel tempo. È questa la realtà suffragata da un sogno che prima o poi dovrà pur avverarsi. Bisogna che si sviluppino queste nuove idee, che nasca un nuovo modo di pensare che riformi tutto il sistema dei rapporti sociali affinché ogni atto sia utile ad incrementare il potere della volontà del popolo. Queste nuove idee devono prendere il posto di ogni ideologia di partito che può contribuire positivamente a questa svolta allontanando ogni forma di strumentalizzazione. La sola innovazione possibile, e tanto auspicata, delle tre fondamentali ideologie politiche che alimentano fiocamente ogni partito, è verso questo contributo. Ognuna di queste ideologie è infatti stata sconfitta dalla Storia attraverso il fallimento della dittatura di destra, il regime totalitario di classe di sinistra e il clientelismo di centro, quindi non hanno alternativa se non vogliono ricorrere negli stessi errori. Così si pongono le basi verso ogni forma di vera libertà e di vero progresso per far sì che si abbatta ogni differenza sociale. Queste nuove idee siamo tutti noi, uomini di oggi, di questa epoca proposta al cambiamento. Siamo noi che dobbiamo agire per sfuggire al rimprovero delle future generazioni che solo così non avranno più bisogno di falsi eroi, ma di veri uomini e donne e quindi di loro stessi.

LA VITA
L'INFINITO E L'UMANITA'

LA VITA

La vita è una forma di evoluzione e di regressione dell'essere (infinito) vivente. L'essere vivente è costituito da un insieme di fattori biochimici che permettono la vita. L'essere vivente, quindi, in quanto vita, agisce. L'insieme di fattori biochimici a sua volta è costituto da piccoli esseri che vivono e si realizzano come insieme, come unità, originando la vita della materia, del corpo. È come se fossero delle piccole potenziali vite che però vivono davvero solo collettivamente. Da sole sono destinate a soccombere e non hanno senso. La vita ha senso in quanto tale perché si realizza nell'uomo che dà senso a tutte le cose. L'uomo è al centro di tutte le cose così come un punto è al centro di un cerchio senza circonferenza (l'infinito) e si pone come unità di misura di ciò che la sua mente e il suo corpo riescono a percepire in ogni modo.

L'INFINITO E L'UMANITA'

Parlando di umanità è bene parlare di micro e macro infinito. L'uomo contiene in sé il microinfinito che attraverso la vita tende al macroinfinito, che è l'ambiente esterno rispetto a quello in cui vive. Il micro e il macro infinito hanno senso solo come indicazione di un infinito più piccolo e di un infinito più grande. L'infinito non è misurabile quindi non ha inizio così come non ha fine. L'unico inizio e l'unica fine dell'infinito è l'uomo che tenta, in quanto misura di tutte le cose e loro testimone, di limitarlo cercando in qualche modo di capirlo, comprenderlo, contenerlo attraverso la ragione che limita il pensiero dell'uomo così come l'esistenza dell'uomo limita l'infinito. La ragione è la parte limitatrice del pensiero attraverso cui l'uomo cerca di rendere alla sua misura ogni cosa affinché egli possa dimostrarla, giustificarla, capirla e quindi limitarla o delimitarla. Il pensiero invece è l'attività della mente senza limiti in quanto cerca di spiegarsi ogni cosa senza dimostrarla, giustificarla, limitarla. In pratica per il pensiero ogni spiegazione è buona sempre che la ragione non la dimostri, la giustifichi e quindi la limiti. Ma l'uomo non è solo ragione, così come non è solo pensiero.

Egli in quanto essere vivente è un insieme di fattori biochimici che permettono la vita. Quest'insieme di fattori biochimici fa sì che l'uomo sia costituito di materia vivente (bios) che si esprime attraverso il movimento e ogni azione materiale grazie alla chimica. La materia vivente è subordinata, consciamente o inconsciamente (volontà e istinto), all'attività di pensiero. L'uomo è corpo, inteso come attività motoria e materiale. È mente, per la sua attività di pensiero. Ma l'uomo, ancora, non è solo mente e corpo: egli è costituito anche da sentimenti che danno un senso alla sua vita.

I sentimenti sono il prodotto più prezioso dell'attività di pensiero a livello inconscio, nel senso che si spiegano a posteriori. Essi si pongono come via di mezzo fra la ragione e il pensiero. Quando tendono verso la ragione, questa li limita e li giustifica attraverso l'attività sessuale tra l'uomo e la donna. Quando invece i sentimenti tendono verso il pensiero, questo li idealizza all'infinito originando quello che gli uomini chiamano amore. La differenza tra finito e infinito sta in tutto ciò che la mente, attraverso la ragione e il corpo, attraverso la materia sensibile, riesce a capire, a contenere. È finito tutto ciò che l'uomo riesce a spiegarsi, a toccare, a sentire e a vedere, quindi anche la ragione e il corpo. Ma il finito in realtà non è tale: esso è un insieme compatto di infinito che assume forma ed utilità concreta. L'uomo è infatti un insieme di compatto che a sua volta genera il pensiero, attività invisibile infinita (Amore) e finita, concreta (ragione), che condiziona inconsciamente e consciamente il corpo. Da quanto detto pare che la vita intesa in senso corporeo e materiale abbia un unico fine: la creazione dell'attività di pensiero che avviene attraverso la chimica, trasformazione della materia (finito) in infinito (pensiero). È come se l'infinito si limitasse assumendo le sembianze materiali, quindi una forma, per creare di nuovo sé stesso attraverso, appunto, la creazione del pensiero. È come se l'infinito attraverso questo processo necessario giustificasse e dimostrasse la sua esistenza (nulla si crea, nulla si distrugge, tutto si trasforma).

Avendo parlato di sensi è bene spiegare cosa essi sono. I sensi sono dei mezzi di comunicazione e ricezione tra il microinfinito, contenuto nel nostro corpo e il mondo esterno sensibile. Quest'ultimo è il mondo in cui viviamo e che percepiamo attraverso i sensi e che si colloca tra il microinfinito sensibile e materiale e l'infinito percepibile solo attraverso una parte del pensiero. I sensi essendo espressione interna ed esterna del microinfinito hanno una natura materiale ed hanno senso solo attraverso il piacere, testimone sensibile del fine della vita. I sensi servono all'uomo e alla donna per permettere loro la vita materiale, ma servono soprattutto a guidarli alla riproduzione che permette all'umanità di rinnovarsi continuamente, di rimanere in vita. In pratica l'uomo di fronte l'umanità è come una cellula del suo corpo che morendo permette allo stesso di rinnovarsi e continuare a vivere. Il processo di realizzazione dell'esistenza dell'infinito consiste in un processo di purificazione in quanto sinonimo di ordine. L'infinito come atto o processo involontario affidato al caso è impuro, perché costituito da ciò che è male. L'infinito invece come atto o processo volontario è puro, è bene perché tende ad ordinare sé stesso. L'infinito volontario può, attraverso il processo della vita, dare un senso alla sua esistenza ordinata, in quanto vuole separarsi dall'infinito involontario che è caso, caos, disordine. L'uomo nascendo contiene in sé, in quanto microinfinito, l'infinito ordinato che è il bene e l'infinito disordinato che è il caos, che è il male.

Attraverso la vita egli prende coscienza della sua esistenza che è fatta di bene e ordine, di male e disordine, e attraverso questa coscienza egli deve operare una scelta: far parte del bene in quanto ordine che dà senso e giustifica l'infinito tendente alla felicità che è coscienza dell'essere attraverso l'amore, o far parte del male, parte di infinito senza senso perché disordine, generatrice del caos e incosciente. Questo processo di purificazione riguarda quindi l'uomo (e la donna), parte di infinito volontario e involontario vivente.

Noi siamo costituiti da bene e male e se il bene è Dio, Egli vive in ognuno di noi in maniera maggiore o minore secondo come lo vogliamo. Attraverso questo processo di purificazione Egli prende coscienza insieme all'uomo della sua esistenza che è sempre stata e quando il ciclo si compirà Egli e tutti gli uomini che lo avranno scelto, che non saranno uomini fatti di materia vivente ma di anima, avranno realizzato, giustificato la loro esistenza attraverso il raggiungimento della felicità, coscienza piena dell'esistenza pura e completa. Chi non lo avrà scelto farà parte dell'infinito che non ha senso, che esiste (nulla si crea, nulla si distrugge), ma è come se non esistesse perché inutile, perché è il niente, perché è il nulla e annullerà quindi la sua vera esistenza. Il ciclo si compirà solo quando il bene sarà separato dal male e quando tutto l'infinito volontario, che vuole prendere coscienza di sé, sarà vissuto (ordine, coscienza di sé). Ho parlato di ciclo che si compie e non di infinito che finisce, perché questo non ha senso in quanto l'infinito non può finire. Il ciclo che si compie, a titolo di esempio, è come il moto di un pianeta nel vuoto.

Il pianeta attraverso il vuoto rappresenta l'infinito che attraverso la vita prende coscienza di sé ordinandosi separandosi dall'infinito che invece non ha senso se non come vuoto, caos e disordine che è involucro senza fine dell'infinito cosciente e volontario. Dio è bene a sé, separato a priori dal caos, dal disordine. Se mai è nato il caos, Dio è nato con esso. Egli è piena coscienza e conoscenza del suo essere e dell'essere ("Io sono colui che è") che conosce il segreto della vita e non ha bisogno di vivere. L'uomo, frutto della sua volontà, è nato e creato dopo di Lui, ma anche dopo il caos. Egli per tornare al bene deve affrontare e superare il caos che lo separa da Dio.

Questo è il senso della vita di ogni uomo, la lotta che deve affrontare attraverso i mezzi che il bene gli offre contro le avversità del male che tende ad annullarlo attirandolo metafisicamente a sé nel caos. È come se Dio (bene assoluto, puro) creando la vita avesse ricoperto l'anima (parte di sé) di un involucro apparentemente finito ma vivente, il corpo, costituito da materia figlia del caos, finalizzato alla vita dell'anima di ogni uomo che vivendo deve capire lo scopo della sua esistenza (coscienza dell'essere) attraverso il suo corpo, strumento dell'esistenza terrena. Ognuno di noi diventerà polvere, ma in ognuno di noi che avrà capito lo scopo della sua esistenza e avrà preso coscienza del suo essere, la sua anima si eleverà dalla polvere per tendere, attraverso le sembianze di quello che un giorno era il suo corpo, all'armonia dell'infinito puro e ordinato e avrà la vita e la coscienza eterna, non più vita del corpo, ma vita eterna dell'essere puro, l'anima. Chi invece non arriverà a capire il vero senso e lo scopo della sua esistenza, la sua anima sarà distrutta dal suo corpo che prevarrà su di essa ed egli tornerà ad essere polvere e poi ancora meno che polvere fino a scomparire o far parte di tutte le quelle cose che non hanno vita e che saranno calpestate o ignorate da altre vite e, vero figlio del caos, ritornerà ad essere caos e non avrà senso perché pur avendo vissuto egli non sarà mai esistito. E di quelli che morranno prematuramente, quindi non per volontà di Dio o morte naturale, ma per morte violenta per mano di altri uomini o calamità naturali e quindi uccisi dal caos (caso) presente in tutto ciò che è e permette la vita, coloro i quali avranno avuto il tempo di capire non ritorneranno a vivere perché prenderanno il loro posto accanto a Dio, chi invece non avrà avuto il tempo di capire ritornerà sulla terra o in qualsiasi altro posto dove ci sarà vita, affinché possa godere dei vantaggi del tempo che gli è stato assegnato come ad ogni altro. Il tempo è una forma di limitazione dell'eternità. Così come la ragione limita il pensiero, il tempo limita l'eternità. Il limite sembra essere la condizione essenziale e necessaria dell'esistenza. L'essere per vivere ha bisogno di limitarsi nella forma della materia e nella ragione del pensiero. L'infinito in sé e per sé non ha senso. L'infinito ha senso solo quando limitandosi vive. La compattezza è l'espediente attraverso il quale l'infinito si limita acquistando una sua forma, il corpo che lo contiene. Il corpo quindi è costituito dall'infinito compatto che genera la materia vivente che contiene il pensiero infinito, puro, che acquista senso attraverso la vita. Il pensiero è una delle attività proprie della vita dell'uomo e in un certo senso rappresenta la sua libertà senza limiti.

È attraverso il pensiero che si concepisce la religione la quale è parte soprastante del pensiero, in quanto la parte sottostante del pensiero è la ragione più vicina al mondo sensibile e finito.

Attraverso la religione il pensiero giustifica la sua esistenza e non ha importanza quale tipo di giustificazione essa sia. Ogni religione ha una spiegazione e giustificazione della vita dell'uomo e ognuna la interpreta a modo proprio. Quello che importa e le accomuna non è la spiegazione in sé e per sé, ognuna magari divergente dall'altra, ma è semplicemente il tentativo di giustificare in qualche modo la vita stessa dell'uomo sulla terra ponendosi al di sopra, idealmente, del mondo sensibile che caratterizza e racchiude in sé l'uomo, mero punto di una circonferenza che racchiude tutto ciò che è finito e sensibile e al di fuori della quale regna l'infinito. Facente sempre parte del pensiero dell'uomo è la politica che si colloca tra la religione e la ragione. La politica è quella parte del pensiero che si concretizza attraverso l'attività dell'uomo finalizzata al bene.

La politica per concretizzarsi ed essere veramente tale, ha bisogno di essere operante a beneficio dell'uomo e della società, realizzandosi attraverso un processo che partendo dalla religione tende alla ragione e la raggiunge. Il processo inverso, invece, che dalla ragione tende alla religione, in quanto giustificazione della vita dell'uomo, è la filosofia, figlia legittima del pensiero, generatrice quindi di fede religiosa e politica, attività concreta dell'uomo a livello razionale e sociale. La politica è figlia della religione e si differenzia da essa perché, a differenza della religione, che può esistere a livello ideale sostenuta dalla fede senza bisogno di essere dimostrata dalla ragione, ha bisogno di concretizzarsi attraverso la ragione e l'attività dell'uomo a beneficio della società. In pratica sono due cose strettamente connesse in quanto la religione attraverso la politica ci prepara sulla terra alla vita eterna dell'anima dopo la morte. Ogni religione quindi è buona, sempre che si proponga come fine ultimo il bene dell'umanità nella sua totalità e non del singolo o del gruppo di singoli (élite). Il gruppo e le associazioni che non perseguono il bene di tutti sono dei tumori fini a sé stessi che devono essere curati o asportati affinché non nuocciano al resto dell'umanità. Così come per la religione, l'intento si trasferisce alla politica che deve necessariamente perseguire il bene di tutta la comunità internazionale, per quanto possibile all'inizio e in maniera definitiva poi.

L'umanità può essere spiegata attraverso il paragone al corpo dell'uomo inteso in senso materiale. Il singolo uomo è una cellula dell'umanità ed egli può vivere o morire contribuendo a migliorarla, denigrarla distruggerla. In questa lotta alla vita il singolo uomo (o donna) non ha importanza e può essere paragonato ad una cellula del nostro tessuto connettivo (la forfora) ed è destinato a morire nel corpo e nell'anima incosciente e in quanto tale destinato a diventare polvere, caos. L'uomo acquista un senso solo quando tende a vivere con un altro essere, suo simile: la donna. Il loro rapporto è finalizzato alla conservazione della specie. L'uomo e la donna rappresentano l'origine dell'umanità e del corpo umanitario inteso come insieme di uomini e donne. Entrambi hanno dato origine all'umanità così come un ovulo e uno spermatozoo originano la vita stessa dell'uomo. Entrambi sono l'origine dell'umanità e forse anche la fine. Il corpo umanitario è il fine ultimo dell'essere in vita. È l'insieme degli uomini sulla terra (umanità) e riflette l'insieme delle anime nell'infinito (lo Spirito), entrambi insiemi organizzati e finalizzati a realizzarsi nella felicità dapprima in terra attraverso l'amore, attrazione inconscia che lega un uomo a una donna attraverso l'appagamento dei sensi, testimoni materiali di un futuro spirituale, e poi nell'infinito per mezzo della piena coscienza della propria esistenza spirituale. Le anime, quindi, costituiscono le parti dello Spirito inteso come insieme organizzato e finalizzato e vivono, così come le cellule con il corpo materiale vivente, solo attraverso la vita dello Spirito. Il raggiungimento della felicità terrena attraverso l'amore è la strada inconscia da seguire affinché si compia il ciclo infinito – vita – infinito, ordine cosciente tendente alla vita eterna dello Spirito, fine ultimo di ogni cosa. L'identificazione completa del corpo umanitaria nello spirito assoluto dipende dalla vita materiale sulla terra e si verificherà quando tutta l'umanità sarà felice in terra. Solo allor lo Spirito comincerà a vivere nell'infinito compiacendosi della sua esistenza che non sarà più temporale, corporale e materiale, ma eterna. L'universo sensibile è come la placenta di una donna e la vita dell'umanità il suo feto. Così come la vita educa l'umanità all'ordine, la consapevole felicità che ne consegue, attraverso le anime, costruisce e partorisce a sua volta lo Spirito. Quando la vita partorirà la vera umanità, cioè il corpo umanitario, la felicità, coscienza ordinata di se, avrà partorito nell'infinito eterno lo Spirito che sarà riconosciuto in essa e si realizzerà in quanto tale. I nostri figli sono la continua testimonianza di questa speranza.

LA NATURA E IL MONDO CIVILE
L'EGOISMO
LA VIOLENZA

LA NATURA E IL MONDO CIVILE

La differenza fra la natura e il mondo artificiale in cui l'uomo vive, risiede nel fatto che la natura è nata prima dell'uomo ed è quindi una condizione indispensabile affinché egli viva almeno biologicamente, mentre il mondo artificiale (i villaggi, i paesi, le città...) è nato posteriormente all'uomo in quanto costruito dall'uomo. La natura è costituita essenzialmente da piante ed animali. Le prime si differenziano dai secondi perché in esse risiedono gli attributi tipici degli esseri viventi statici. Gli animali invece, più simili all'uomo, hanno la possibilità del movimento in qualsiasi ambiente essi vivano. Sia gli animali che le piante sono dotati di istinto, vivono perciò preordinati dalla natura. L'uomo si differenzia da entrambe perché è dotato di intelligenza che lo spinge a vivere in un mondo separato dalla natura anche se necessariamente contenuto in essa. L'uomo ha la tendenza ad evadere dalla natura perché non riesce ad accettarne le leggi ed evadendo da essa tenta di costruirsi un mondo tutto suo che abbia nella natura un inizio ed un monito a non tornare indietro, affinché attraverso il progresso possa migliorarlo fino a contrapporlo a ragione alla natura stessa. L'intelligenza dell'uomo tende all'eguaglianza degli esseri suoi simili, rifiuta quindi l'istinto preordinato della natura basato sulla legge del più forte.

Alla luce di quanto detto è bene parlare di capitalismo sempre quando questo riguardi effettivamente la generalità dei cittadini, di un dato paese o di una determinata nazione o Stato, che dovrebbero essere a priori dei capitalisti in cui il più forte o i più forti tra questi siano esempi di miglioramento scaturiti da una sana concorrenza e non motivo di sopraffazione di uno o di pochi sugli altri, altrimenti è bene optare verso un sano comunismo senza restrizioni di libertà.

L'EGOISMO

Il cittadino, prima che cittadino, è un uomo che in quanto tale tende a soddisfare il proprio ego dando sfogo al soddisfacimento di ogni desiderio che gli deriva in maniera innata dalla sfera naturale dalla quale proviene. L'ego naturale spinge l'uomo a comportarsi come un animale, in maniera istintiva attraverso la quale egli tende a soddisfare ogni desiderio inconscio. Ai primordi della sua vita ha trovato come unico limite al soddisfacimento istintivo dei propri desideri, che all'inizio erano solo fame e sesso, il tentativo di soddisfacimento degli stessi desideri da parte di altri uomini e animali. Questo limite è stato l'inizio di quella lotta per la sopravvivenza che ha caratterizzato la sua vita per molti anni della sua esistenza. Con il tempo ha cominciato ad unirsi con altri simili per meglio combattere le minacce mortali delle fiere, riunendosi in gruppi e tribù. È allora che ha cominciato a controllare il proprio istinto ed ha cominciato ad usare quell'intelligenza che lo contraddistingue e che attraverso la ragione gli ha fatto capire che il bisogno di soddisfacimento dei propri istinti finisce dove comincia quello degli altri. Da allora ancora oggi gli animali soddisfano i propri desideri attraverso la lotta intesa in senso fisico e materiale. L'uomo invece ha cominciato a soddisfare i propri desideri attraverso regole dettate dai bisogni e dai doveri del gruppo, abbandonando gradualmente e il più possibile lo scontro fisico. Queste regole sono le basi di uno sviluppo del vivere sociale fino ai nostri giorni. L'evoluzione sociale dell'uomo è indubbiamente cominciata, ma è altrettanto indubbio che il processo di sviluppo non è ancora finito.

Il successo di questa evoluzione dipende dalla cancellazione del grado di aggressività maturata a livello inconscio che ancora oggi ci caratterizza in quanto, nonostante tutto, figli della natura. L'aggressività è il tentativo egoistico di soddisfare istintivamente i desideri e i bisogni di ognuno senza il dovere di tener conto dei desideri e dei bisogni degli altri attraverso l'osservanza delle regole sociali e dà origine a quegli stupidi scontri e a quelle stupide guerre che ancora oggi insanguinano l'esistenza delle popolazioni di molti Stati. La cancellazione di questa aggressività innata è forse una chimera da raggiungere, ma dobbiamo sforzarci di crederci al fine di raggiungere come risultati concreti la delimitazione e il controllo di questo fenomeno naturale che è nemico dell'evoluzione sociale e quindi della soluzione dei problemi di ogni uomo che vive insieme ad altri uomini.

LA VIOLENZA

Il solito gatto straziato dalle ruote di una macchina mi ha dato lo spunto per riflettere sul contrasto concettuale che esiste fra la vita dell'animale prima dell'incidente e la morte violenta dello stesso. Ed è proprio la violenza come atto materiale di un mezzo meccanico che si muove ad una velocità fatale all'equilibrio dell'animale la causa di tutto. La violenza è quindi uno scontro fra due diversi equilibri comunque necessari. Da un lato l'equilibrio basato su una massa in movimento che trova la sua ragione di esistere solo nella velocità di spostamento. Dall'altro l'equilibrio di vita di un animale, che trova la giustificazione di una esistenza attraverso l'appagamento di bisogni, per la cui realizzazione è necessario uno spostamento di massa e velocità di gran lunga inferiori a quelle del mezzo meccanico. La causa di tutto, nel caso specifico, altro non è che lo scontro, cioè la violenza, fra due masse che viaggiano a velocità diverse la cui conseguenza porta alla morte della massa meno pesante e meno veloce. Al di là di questa spiegazione, quello che veramente mi ha sconvolto è stato quell'ammasso di carni dilaniate e straziate dalle ruote della macchina. Uno spettacolo cruento, fuori posto, che contrasta con ogni logica di creatività e di vita, che si sarebbe potuto evitare attraverso l'uso della ragione da parte del conducente e dell'istinto da parte dell'animale. In quella scena c'era la morte in continuo contrasto con la vita che è lo scopo essenziale di ogni essere vivente. È strano come dallo scontro di due vite in continuo movimento, anche se di diversa natura ed entità, possa scaturire la morte, regina della staticità assoluta. È chiaro che ogni vita o essere vivente può causare la morte propria o di altri esseri viventi e che l'unico mezzo per sopravvivere è evitare lo scontro di vite e movimenti, cioè la violenza, di qualsiasi forma essa sia e questo può avvenire solo attraverso la ragione per quel che concerne noi esseri umani e l'istinto per gli esseri animali. Ma è altrettanto chiaro che non sempre è possibile evitare la violenza per non causare la morte di un altro essere vivente.

Anzi, nel particolare caso tra uomo e animale, questa violenza è necessaria all'uomo per causare la morte dell'animale, per sopravvivere nutrendosi di una vita che attraverso la morte sostiene la vita stessa dell'uomo. È naturale e vitale che l'uomo uccida un coniglio per sopravvivere e viceversa che una tigre divori un uomo o un altro animale per sopravvivere. È altrettanto chiaro che non è assolutamente naturale che un gatto morendo debba cibare la velocità della macchina o che un uomo debba uccidere un altro uomo per sopravvivere cibandosi del suo cadavere, perché non è assolutamente necessaria la morte del gatto per far muovere la macchina e altrettanto inutile alla sopravvivenza di un uomo la morte di un altro uomo, così come ad un animale la morte di un esemplare appartenente alla sua stessa razza. Quando questo avviene riscontriamo nella razza umana e in quelle animali le stesse ragioni di carattere soprattutto sessuale e territoriale, ragioni dettate dalla legge naturale del più forte. Alla luce di tutto questo c'è nell'uomo l'innata coscienza di rifuggire non dalla legge naturale della sopravvivenza, perché questo sarebbe letale alla sua stessa vita, ma dalla legge naturale del più forte che la ragione, presente nell'uomo e diversa dall'istinto animale, non può e non deve accettare. La ragione permette all'uomo di poter scegliere fra ciò che è necessario e non. L'istinto invece è negli animali un modus vivendi che permette loro di sopravvivere il più a lungo possibile senza possibilità di scegliere, costringendoli a subire le leggi della natura. Il tentativo di rifuggire da tutto questo è cominciato con l'inizio dell'era che definisco semplicemente umana, attraverso la quale l'uomo ha cominciato ad usare la ragione cercando di soddisfare le proprie esigenze ripudiando alcuni aspetti della natura, come la legge del più forte, contrapponendo ad essa la costruzione di un mondo civile che riflette le leggi fatte dall'uomo. Mondo civile che è certamente nato con l'uomo in seno alla natura, ma che deve crescere, acquistare quella esperienza, quella maturità che gli permetterà di essere veramente autonomo e indipendente dimostrando alla natura stessa che egli non è un animale che subisce le sue leggi imposte a priori, in quanto egli le respinge e le controlla. In definitiva buona parte dell'esistenza dell'uomo, se non tutta, è finalizzata a dimostrare la sua superiorità espressa in termini di controllo e di scelta, sulla natura attraverso l'immortalità non dell'uomo, ma dell'umanità che se spenderà bene, quindi nel modo più intelligente, la vita di ogni uomo destinato alla morte, ma solo dopo aver procreato altra vita, vincerà la sua battaglia finalizzando forse lo scopo per cui essa è stata creata. Al di là di ogni cosa comunque è strano come la morte possa generare la vita e viceversa. Ma forse tutto si spiega pensando alla morte ed alla vita come alle due facce di una stessa medaglia che è l'esistenza

LA STORIA E L'EVOLUZIONE

LO STATO E LA RELIGIONE

LA FAMIGLIA

LA FAMIGLIA, LA SOCIETA', LO STATO

LA SOVRANITA' POPOLARE

LO STATO E L'INDIVIDUO

LA MANCATA SOVRANITA' POPOLARE

IL CONTROLLO DELL'OPERATO ESECUTIVO

LA PROPRIETA' PRIVATA

IL CAPITALISMO

L'ECONOMIA DELLO STATO

RICCHI E POVERI

L'ASSISTENZIALISMO

IL SISTEMA CONTRIBUTIVO FISCALE

LA STORIA E L'EVOLUZIONE

La storia è il continuo tentativo cronologico dell'uomo di riproporsi nel tempo per realizzare concretamente i propri ideali.

La storia è la successione cronologica dei fatti che hanno caratterizzato e caratterizzano i rapporti sociali dell'uomo.

Come in tutte le cose anche in politica vi è un'evoluzione. La storia ne è testimone: dalla forma primordiale di capo tribù preistorico che si impone con la sua forza fisica, alla più recente figura di monarca che impone il suo prestigio grazie alla forza degli altri, all'esercito e all'ignoranza del popolo che addirittura talvolta gli attribuisce una natura ereditaria di origine divina. Una ulteriore evoluzione c'è stata poi con la dittatura che è una forma moderna di monarchia. La Costituzione ha segnato grazie al principio di rappresentanza una evoluzione macroscopica della monarchia creando tanti monarchi quanti sono i membri del Parlamento e del Senato. Oggi ci troviamo a dover fare i conti con questa evoluzione nel senso che se guardiamo al passato ci rendiamo conto che molto è stato fatto, ma per quanto attiene al futuro molto di più bisogna fare. Al di là di queste considerazioni assistiamo oggi impotenti ad uno stallo di questa evoluzione, che è dimostrato dall'assenza di risultati per quanto riguarda il miglioramento della vita sociale. Anzi abbiamo rilevato addirittura un regresso della politica che è una prova concreta e decisa di questa mancata evoluzione. L'evoluzione storica della politica è stata causata direttamente o indirettamente dal popolo che ha raggiunto la sua massima espressione di rinnovamento e di protesta, purtroppo violenta, nei moti rivoluzionari a cominciare da quelli relativi alla Rivoluzione Francese. Il risultato dei moti italiani è stato la sostituzione di alcuni monarchi e imperatori con altri a seguito dei mutati confini territoriali che erano allora il motivo principale di discordia. La storia testimonia l'enorme forza impositiva del popolo che volle e raggiunse la creazione territoriale e ideale della patria. La stessa forza, per parlare di tempi più recenti, ha causato in Italia la fine della monarchia prima e della dittatura poi. Con l'avvento della prima repubblica e quindi della Costituzione abbiamo assistito alla nascita dei partiti. Questi hanno caratterizzato la vita politica da allora fino ai nostri giorni e se da un lato la loro nascita è giustificata dalla evoluzione della politica, in quanto nel bene e nel male hanno creato e formato la nuova classe politica italiana che avrebbe dovuto rappresentare il popolo, dall'altro ha smorzato, attraverso l'irretimento delle ideologie, l'enorme forza impositiva del popolo che è rimasta imbrigliata nei partiti. La fase politica della rappresentanza, delle maggioranze e delle opposizioni, delle alleanze, si è esaurita e la sua ulteriore evoluzione, questa volta definitiva, è la realizzazione della sovranità popolare. Non è il passaggio dal sistema proporzionale a quello maggioritario che può risolvere il problema dell'attuale crisi politica, semplicemente perché dal sistema proporzionale dei partiti siamo passati ad un altro sistema partitico fatto di alleanze, maggioranze e opposizioni, anche sotto forma di aggregazioni, quale è appunto quello maggioritario. Il problema non è quello di sostituire degli uomini politici ad altri uomini politici e tanto meno dei partiti con altri partiti per la ricerca di nuove alleanze e maggioranze, ma di trasferire il potere dagli eletti agli elettori.

LO STATO E LA RELIGIONE

Lo Stato è la soluzione politica, ideale, dei problemi organizzativi della società civile. La religione è la soluzione, dettata dalla fede, dei problemi dell'uomo in vita per affrontare l'eternità dopo la morte. Il fine ultimo nella dottrina politica della società civile è uno stato giusto dove possa appagarsi ogni cittadino che lo compone. Il fine ultimo della religione è il raggiungimento dell'eternità. Ma mentre la società civile prima idealizza lo Stato per poi realizzarlo concependo un'idea di organizzazione collettiva per poter risolvere i problemi del singolo cittadino partendo dal generale per poter arrivare al particolare, la religione, invece, parte dal particolare, dalla soluzione dei problemi del singolo credente, per poter arrivare al generale, che non è inteso come moltitudine di credenti, ma come entità assoluta dell'eternità. Per la religione non importa quanti si convertono numericamente, ma chi si converte, perché si converte e come si converte. La moltitudine idealizzata è una semplice conseguenza della particolarità individuale praticata dal singolo credente. Essendo le religioni diverse nei modi ideologici di intendere la vita dopo la morte, possono essere paragonate a dei partiti di professanti. Ma mentre nel mondo civile possiamo superare i contrasti ideologici dei partiti attraverso la canalizzazione degli stessi nelle ideologie di destra, di sinistra con la conseguente sintesi del centro dal quale scaturisce una sola idea politica generale dello Stato, nella religione, partendo dalla confessione del singolo credente, bisogna che questo sia cosciente, attraverso la propria fede, della propria religione affinché possa criticare la propria ed accettare ciò che di buono offrono le altre per poter giungere alla codificazione di una sola religione per tutti. E questo processo necessita di tempi pratici di attuazione di gran lunga superiori. È più facile raggiungere un obiettivo se lo si conosce. È più facile arrivare dal generale al particolare e non viceversa. È più facile per una società civile concretizzare il proprio ideale generale di Stato che non per una confraternita pervenire attraverso la fede ad una concezione unica, assoluta di Dio. Laddove esistono strette correlazioni fra Stato e religioni, causa di discordie e disordini sociali, è bene perseguire un unico ideale politico mettendo da parte il più possibile le questioni religiose affinché si raggiunga prima il benessere sociale e poi la pace spirituale. Coloro che si servono della religione per accaparrarsi consensi politici sulle popolazioni, non fanno che ritardare ulteriormente il processo di realizzazione e di concretizzazione dell'ideale di Stato.

Ognuno è libero di seguire e professare la propria religione. Ma lo Stato deve emanciparsi politicamente da ogni confessionalità responsabile della divisione tra uomini e uomini.

LA FAMIGLIA

La cellula dello Stato è necessariamente la famiglia e il bene dell'umanità dipende non tanto dal bene di ogni singola famiglia, che è facile a dirsi e a raggiungersi, quando dal bene intercorrente tra le famiglie e le altre forme di associazione umana. Ed è proprio in questo rapporto che interviene la politica affinché il bene di ogni singola famiglia si trasferisca, attraverso i rapporti con le altre famiglie e le altre associazioni, nel miglior modo possibile a tutto lo Stato. Per capire l'organizzazione della società civile è quindi bene studiare e capire la famiglia al fine di intervenire nei rapporti fra tutte le famiglie della società civile nel modo più giusto e razionale possibile. Il bene è l'ordine cui l'uomo deve tendere. L'ordine è la giusta collocazione di ogni uomo nei rapporti con gli altri e quindi nella società. L'ordine in quanto tale non può essere imposto, ma deve essere raggiunto attraverso la realizzazione della propria personalità. L'ordine di ognuno così inteso dà inizio all'armonia di tutti.

Lo Stato è il prodotto coercitivo di una società di persone che impone per mezzo di esso un'organizzazione di vita. Se paragoniamo la famiglia alla società, insieme complesso di famiglie, possiamo altresì paragonare il padre, capofamiglia, allo Stato, capo ideale della società. Ma in questa apparente similitudine c'è una reale distinzione dovuta alla figura concreta, presente, attiva nel caso del padre e astratta, teorica, idealizzata nel caso dello Stato. Tutto questo può essere spiegato attraverso una organizzazione di vita creatasi a priori nel caso della famiglia, in quanto è il padre che crea la famiglia, mentre nel caso della società è questa che viene a crearsi prima e lo Stato è una semplice conseguenza di necessità organizzativa. Un'altra importante distinzione è da ricercarsi nella mancanza di una figura materna nell'essenzialità dello Stato che si presenta come un'essenza teorica neutra e da questo punto di vista possiamo paragonare l'idea che abbiamo dello Stato all'idea astratta teorica e religiosa che abbiamo di Dio. L'idea di Dio è frutto dei nostri pensieri e desideri e rimane in un ambito astratto. L'idea dello Stato invece è frutto delle nostre azioni e assume quindi concretezza per mezzo di esse. Il successo organizzativo della famiglia rispetto alla società, o meglio, del rapporto tra padre e figli rispetto a quello tra Stato e cittadini, sta nella ragione essenziale di questo rapporto che risiede nell'amore nel primo caso e nella necessità nel secondo. È proprio qui la ragione dell'esistenza della religione e quindi dell'idea di Dio che interviene nel rapporto tra Stato e cittadini affinché non sia interposto tra di loro un rapporto di necessità e di interessi, ma di amore. Da qui scaturisce l'importante ruolo della religione che comunque ha fallito, o almeno non ha centrato, il suo scopo perché ha anteposto l'amore alla giustizia. È infatti la giustizia la chiave di tutto. È solo attraverso un giusto rapporto tra i cittadini che si può creare uno Stato basato sull'amore e quindi sull'armonia sociale che potrebbe concretizzare una volta per sempre l'idea di Dio che è dentro ognuno di noi.

LA FAMIGLIA, LA SOCIETA', LO STATO

La famiglia, la società, lo Stato sono i tre diversi momenti della formazione, sviluppo e realizzazione della personalità dell'uomo.

Ognuna di queste principali forme di associazione è caratterizzata da una sua organizzazione che tende a razionalizzare i diritti e i doveri degli individui che la compongono. Nella famiglia i genitori hanno il dovere di allevare i propri figli dando loro una formazione psichica, fisica e culturale avvalendosi delle strutture scolastiche sociali. I genitori hanno altresì il diritto di acquisire un posto di lavoro dalla società affinché adempiano ai loro doveri. Compito della società civile è il soddisfacimento delle richieste di lavoro delle famiglie attraverso la creazione e l'organizzazione di centri di produzione. La società civile ha il diritto di avvalersi delle risorse burocratiche dello Stato. Lo Stato contribuisce a creare nuovi posti di lavoro prelevando a concorso lavoratori dalla società civile, che abbiano quindi una esperienza lavorativa alle spalle, da assoldare nei ranghi della sua burocrazia. Lo Stato a sua volta ha il dovere di soddisfare le richieste della società civile attraverso il diritto di imporre le direttive politiche che gli sono proprie e consacrate dalla sovranità popolare. La burocrazia è il "trait d'union" fra lo Stato e la società civile e ne regola, amministrandoli, i diritti e i doveri di ognuno. Lo Stato contribuisce poi a liberare nuovi posti di lavoro, anche se temporaneamente, estraendo a sorte, fra i membri della società civile che abbiano un lavoro fisso, i politici che sono i più alti funzionari esecutivi dello Stato legati a vincoli di mandato programmatico redatto dal popolo su scala nazionale.

LA SOVRANITA' POPOLARE

La sovranità di uno Stato appartiene al popolo che la esercita attraverso il mandato imperativo che riduce a semplici esecutori di funzioni già programmate gli uomini politici. Questi devono semplicemente eseguire le direttive di un programma già stabilito a monte da organizzazioni popolari, a cominciare dalle cellule di un quartiere fino ad arrivare ad organismi popolari ad interesse nazionale. Solo così gli interessi della comunità prevalgono sugli interessi del singolo che va comunque tutelato e protetto. Per far sì che questo avvenga è necessario che il popolo si impegni in modo costante attraverso forme di controllo e di gestione che lo riguardino direttamente.

Il popolo è costituito da una massa di persone in quanto totalità collettiva e da un insieme di persone in quanto individui. Attraverso la massa il popolo concepisce l'idea politica che è la sintesi programmatica delle direttive emerse nelle assemblee che si svolgono ai vari livelli di organizzazione territoriale: quartieri, comuni, province, regioni, Stato. L'idea politica finale è l'idea politica dello Stato nel quale la massa popolare si identifica in quanto abitante sul territorio dello Stato. La territorialità è un'altra caratteristica dello Stato attraverso la quale l'idea statale si concretizza e si realizza. Il popolo costituito da un insieme di individui attraverso la singolarità della sua essenza esegue, realizza, concretizza l'idea politica dello Stato sul suo territorio. Le caratteristiche dello Stato sono quindi: l'idea, sintesi ideologica di centro, della destra e della sinistra; la sovranità, lo Stato è sovrano perché il popolo che lo ha concepito idealmente è sovrano e trasferisce idealmente allo Stato la sovranità che gli è propria; la territorialità, condizione indispensabile alla realizzazione concreta dell'idea di Stato. La partecipazione di tutti agli affari generali dello Stato, condizione necessaria affinché si eserciti la sovranità popolare, avviene attraverso la possibilità di esprimere le proprie idee durante lo svolgimento delle assemblee di quartiere. Le idee devono essere annotate a verbale, di qualsiasi natura esse siano, a condizione che siano pertinenti all'argomento oggetto di discussione e non oltraggino le più elementari regole del buon costume offendendo la dignità e la moralità dei presenti. L'insieme concettuale di queste idee costituisce il programma assembleare che deve essere necessariamente stilato come documento dell'avvenuta consultazione. La novità di questi programmi sta nel fatto che in caso di idee contrastanti, con soluzioni dei problemi completamente agli antipodi, non si procede come avviene oggi a votazioni di maggioranza che escludono quelle di minoranza, ma si procede ad una sintesi concettuale di queste tendenze ideologiche che rappresenta in un certo senso il metodo del surrogato di centro delle tendenze di destra e di sinistra. L'espressione reale delle idee dei cittadini avviene solo attraverso le assemblee di quartiere, perché dopo questa prima fase della consultazione popolare avviene una sintesi comunale, provinciale, regionale, dei programmi assembleari di quartiere che non ha più espressione orale, ma scritta. E così via fino al programma di base della politica nazionale. L'idea di ogni cittadino non può essere esclusa dal programma solo perché espressione di minoranza, perché rappresenta una realtà ideale concreta per il fatto stesso di essere stata espressa e della quale bisogna necessariamente tener conto attraverso l'espediente della sintesi concettuale programmatica: idee, sintesi delle idee che costituiscono i concetti che a loro volta costituiscono il programma. Attraverso queste assemblee si pone il presupposto per il superamento della partecipazione di classe alla vita politica dello Stato, in quanto ogni cittadino è chiamato a contribuire idealmente a livello individuale. La soluzione dei problemi di tutti sta nell'impegno di ognuno di contribuire per il bene di tutti. Superata la fase ideale, sintetica, concettuale, programmatica come tentativo di soluzione necessario alla vita politica dello Stato che vede la "possibilità" di partecipazione di tutti a livello ideale, intesa come contributo di idee, subentra una seconda fase operativa, esecutiva dei programmi popolari. A differenza della fase ideale questa fase vede una partecipazione limitata del popolo alla vita del governo. Anzi, più che limitata, in teoria, si tratta di una partecipazione più lenta che avviene gradualmente nel tempo attraverso l'estrazione a sorte fra i cittadini dei deputati e senatori (o consiglieri regionali, provinciali e comunali) e attraverso la non riconferma dell'incarico temporale. Ogni cittadino può rinunciare di propria volontà all'incarico di governo assegnatogli e alla partecipazione assembleare programmatica, limitando di fatto la partecipazione di "tutti". Possibilità involontaria generale di tutti di partecipare alla politica dello Stato sia idealmente che materialmente a livello esecutivo. Limite volontario, individuale, personale, non imposto per questa mancata partecipazione.

LO STATO E L'INDIVIDUO

Lo Stato è un'idea complessiva risultante dalla molteplicità delle idee che caratterizzano ogni cittadino o individuo. È quindi una entità astratta che essendo espressione di tutti i cittadini ha carattere sovrano. Il popolo, entità fisica e materiale costituita dalla molteplicità degli individui fisici intesi come persone, trasferisce allo Stato, nello stesso momento in cui lo concepisce idealmente, la sovranità materiale che gli è propria, idealizzandola in quanto tale. È lo Stato ideale quindi che è sovrano, non l'individuo fisico.

L'individuo fisico ha una sua sovranità solo in quanto parte molteplice del popolo al quale appartiene. È sovrano solo quando insieme agli altri è espressione del popolo. L'individuo in sé e per sé non può essere sovrano. La sovranità, entità ideale unica, è tale solo quando è espressione e sintesi della molteplicità che la consacra. Questa analisi, comunque, non vuole assolutamente denigrare il ruolo sociale del singolo che non può decidere per tutti, perché tutti devono decidere per tutti attraverso l'espediente della sovranità o idealizzazione dello Stato, ma al contrario vuole definire una volta per tutte il suo limitato, ma importantissimo, ruolo esecutivo dei compiti e delle attività dello Stato. Senza l'individuo, infatti, lo Stato rimarrebbe rilegato in una entità ideale, astratta, senza senso. Una idea che non si concretizza a livello politico non ha senso perché non acquista utilità sociale concreta. È chiara quindi l'importanza del ruolo esecutivo dell'individuo dal quale dipende la maggiore o minore realizzazione concreta e utilità sociale dello Stato.

LA MANCATA SOVRANITA' POPOLARE

Già nell'epoca della rappresentanza si è parlato e scritto nella Costituzione di popolo sovrano. Certo è già qualcosa, nel senso che non c'è più finalmente il monarca sovrano. Ma un'altra cosa è indubbia: storicamente il monarca è stato veramente sovrano, nel senso che da lui è dipeso il destino, a livello decisionale, dell'intero regno; fino ad oggi, ancora, il popolo non è mai stato sovrano perché in realtà lo sono stati solo i suoi rappresentanti.

L'assemblea costituente, attraverso il principio di rappresentanza sancito nella stessa Costituzione, ha trasferito dal popolo, che ha quindi una sovranità solo nominale, attraverso il voto elettorale ai suoi rappresentanti in Parlamento il potere decisionale e quindi la sovranità, con la conseguenza che spesso le decisioni finali prese dall'esecutivo sono state del tutto impopolari. I rappresentanti del popolo non sono stati eletti e ancor oggi non sono eletti dal popolo inteso nella sua unità e totalità, ma son eletti solo da diverse parti e frazioni di esso. La conseguenza è stata ed è tuttora una sovranità frastagliata, non omogenea che ha portato e continua a portare, nonostante i continui espedienti elettorali, a decisioni di parte contrastanti. L'ulteriore conseguenza di questo trasferimento di sovranità dal popolo ai suoi rappresentanti è stata il passaggio da una società feudale costituita dal monarca, dai suoi feudatari e dal popolo asservito e impotente, a una società polimonarchica, con un numero ancora maggiore di feudatari, valvassori, valvassini e con una parte di popolo, ancora e nonostante tutto rilevante, asservita e impotente. Con il tempo sono scomparsi i monarchi che oggi si chiamano presidenti, sono scomparsi i feudatari che oggi si chiamano deputati e senatori, sono scomparsi i valvassori e i valvassini che oggi si chiamano segretari e sottosegretari, ma è rimasta la maggior parte del popolo assillata dai soliti problemi. La conseguenza sociale di tutto questo è stata la creazione di una società di ricchi e poveri, con più ricchi e meno poveri rispetto al passato, ma pur sempre una società di ricchi e poveri, con interessi contrastanti e completamente agli antipodi. È bene capire quindi che la sovranità appartiene al popolo inteso nella sua unità e totalità, che la deve esercitare direttamente nei modi e negli usi che, nella sua generalità, ritiene più opportuni, affinché esso e solo esso possa essere padrone del suo destino, attraverso la creazione di una classe media che possa vivere in condizioni sociali le più agiate possibili attraverso il controllo e la regolamentazione equilibrata dei vari interessi.

IL CONTROLLO DELL'OPERATO ESECUTIVO

Uno Stato giusto ed efficiente, che operasse in base a dei programmi redatti dal popolo nella sua interezza ed unità attraverso il mandato imperativo, periodicamente, indipendentemente dalla durata delle legislature, dovrebbe verificare l'esatta corrispondenza dei mandati elettorali con l'operato esecutivo degli eletti preposti, attraverso delle verifiche di interrogazione e controllo. Queste dovrebbero essere svolte da apposite commissioni popolari che dovrebbero interpellare ogni singolo parlamentare in ordine alle decisioni del governo. Nel caso di discordanze si procederebbe, in base al principio che tutti siamo utili e nessuno è indispensabile, alla sostituzione degli interessati con i primi non eletti. È chiaro che in presenza di provvedimenti, di sospensioni prima e di sostituzioni poi, ingiusti per errate valutazioni delle commissioni, l'eletto o gli eletti interessati potrebbero ricorrere, negli usi stabiliti e nelle sedi opportune, fino a poter essere reinseriti a seguito di ricorsi comprovati e giustificati.

LA PROPRIETA' PRIVATA

Lo Stato non ha motivo di abolire la proprietà privata, ma solo di limitarla al 49% di tutto il patrimonio. La proprietà privata è un incentivo necessario allo sviluppo culturale e sociale della personalità umana che serve a scongiurare l'appiattimento, conseguenza di una uguaglianza passiva e causa della caduta di ogni regime.

IL CAPITALISMO

Il capitalismo, consentito nei limiti della proprietà privata prevista dallo Stato, ha ragione di esistere in una società di capitalisti e non in una società di ricchi e poveri, dove i ricchi diventano più ricchi e i poveri ancora più poveri. L'assistenzialismo è quindi una prerogativa essenziale dei ceti più deboli affinché siano giustificate la concorrenza e le regole del libero mercato.

L'ECONOMIA DELLO STATO

L'economia dello Stato ha come dovere prioritario assoluto la creazione di nuovi posti di lavoro. Il progresso, di qualsiasi tipo esso sia, non ha giustificazione alcuna se causa disoccupazione. Il posto di lavoro è un diritto e in quanto tale deve essere acquisito a priori attraverso chiamata diretta tramite l'ufficio di collocamento. Se non tutti possono lavorare o non tutti nello stesso momento, la priorità del lavoro va assegnata ai meno abbienti a livello sociale ed economico e che siano da più tempo disoccupati. Per stabilire ciò bisogna usare come metro di misura della ricchezza i redditi dei nuclei familiari, facendo i dovuti confronti. Così si garantisce all'interno dello Stato un minimo di sopravvivenza dignitosa a tutti i componenti delle famiglie e per tutte le famiglie. L'appiattimento del mondo del lavoro viene scongiurato attraverso le reali capacità culturali di ogni lavoratore che è invitato a dimostrarle attraverso un concorso interno ad ogni categoria di lavoratori per una selezione dei leader ai vari livelli di organizzazione. Leader con funzioni esecutive e proponenti, ma non deliberanti. Nel rapporto tra imprenditori e lavoratori, in caso di calo di produzione dell'impresa o addirittura di fallimento, i primi devono garantire il salario ai secondi fino a quando questi non siano assorbiti in altri settori del lavoro. Il salario non può essere soggetto a decurtazioni o a sospensioni. Il lavoratore può essere sospeso o licenziato con conseguente decurtazione o sospensione del salario solo in casi di scarso rendimento e di inadempienza.

RICCHI E POVERI

Una società fatta di ricchi e poveri è una società ingiusta. È indegno accettare il fatto che una società civile possa creare i poveri per poi aiutarli. I poveri non hanno bisogno di aiuto e di carità. Essi hanno bisogno che si rimuova e si risolva una volta per sempre il loro status di poveri.

L'ASSISTENZIALISMO

In uno Stato sociale l'assistenzialismo non può essere ribaltato in nome di una logica imprenditoriale che costringe i lavoratori a sottoscrivere delle polizze assicurative. In uno Stato sociale l'assistenzialismo, previsto tra l'altro implicitamente dalla Costituzione che si propone di rimuovere gli ostacoli di ordine economico e sociale, è una prerogativa essenziale che se mai può essere solo riveduta e corretta.

IL SISTEMA CONTRIBUTIVO FISCALE

Uno Stato efficiente e giusto, grazie all'ausilio dei mezzi informatici, deve comunicare con precisione e a priori quanto ogni cittadino è tenuto a versare a livello fiscale, in base ai flussi economici delle entrate e delle uscite. Queste comunicazioni dovrebbero consistere in addebiti in conti correnti bancari o postali che dovrebbero essere necessariamente accompagnati da estratti conti fiscali che riscontrino l'esattezza dei dati relativi alle somme imposte, che sarebbero naturalmente passibili di ricorsi per eventuali rimborsi.

Il grado di efficienza di uno Stato si misura dal grado di efficienza della sua organizzazione che rende tutti utili e nessuno indispensabile. Uno degli indici più importanti è la capacità di riscossione del sistema contributivo fiscale. Anche qui la semplicità del sistema impositivo è direttamente proporzionale alla sua efficienza. Un metodo semplice di valutazione fiscale potrebbe essere l'introduzione, in settori quali l'artigianato, il commercio, l'industria, di metodi come la partita doppia potenziati dall'ausilio di mezzi informatici per l'accertamento, il controllo, la sicurezza e la disponibilità dei dati su scala nazionale. Ad ogni entrata dovrebbe corrispondere un'uscita con un saldo di cassa riferito alla vendita dei servizi o prodotti eventualmente da tassare. La stampa dei dati informatici riferiti alla merce in giacenza o venduta, o dei servizi offerti, dei conseguenti saldi di cassa in rimanenza, riferiti ad una semplice giornata lavorativa o ad un intero esercizio finanziario, potrebbe essere facilmente riscontrata a seguito di eventuali controlli. Controlli che potrebbero essere estesi ad altri settori economico-finanziari quali le banche, con conseguente abbattimento del segreto bancario che non avrebbe più ragione di esistere e che oggi rappresenta un muro alla soluzione del problema fiscale.

Con i dipendenti pubblici e non, si potrebbe continuare con la detrazione a monte dei contributi che dovrebbero però ridursi di numero e d'importo. Oggigiorno, infatti, sono proprio questi che mandano avanti la baracca fiscale accollandosi anche gli oneri di chi le tasse non le paga. In un sistema fiscale più giusto ed equo ognuno contribuirebbe con una percentuale unica d'imposta che dovrebbe essere uguale per tutte le classi dei lavoratori e ognuno pagherebbe in più o in meno solo in ragione dei maggiori o minori guadagni e delle maggiori o minori necessità economiche dettate da variabili quali ad esempio i componenti di una famiglia a carico del lavoratore, o i dipendenti di esercizi artigianali, commerciali e industriali a carico degli imprenditori. I contribuenti così pagherebbero tutti e di meno. I flussi monetari di ritorno del sistema fiscale permetterebbero il reinvestimento in altri settori carenti dell'economia dello Stato e permetterebbero interventi immediati quali, ad esempio e principalmente, l'abolizione della cassa integrazione e la conseguente conservazione dei posti di lavoro. Il fisco così impostato, in concerto con gli altri settori statali, avviati e ormai produttivi, contribuirebbe a ridurre a medio termine sensibilmente il debito pubblico, con l'auspicio a lungo termine di azzerarlo del tutto per portare finalmente in nero i conti del bilancio dello Stato, che forse un giorno non avrebbe più bisogno dello stesso fisco e quindi delle tasse dei cittadini che comunque, sicuramente, diventerebbero accettabili o addirittura irrisorie.

LE IDEOLOGIE

LE IDEOLOGIE E I PARTITI

DIRITTI E FAVORI

I PERSONALISMI

L'IDEALISMO E IL MATERIALISMO

LA VERITA ASSOLUTA

L'INTERESSE

LE IDEOLOGIE

Le ideologie sono delle chimere, espressioni di pensiero puro e in quanto tali sono difficili da raggiungere o irraggiungibili, ma dobbiamo sforzarci di tendere verso di esse perché solo così possiamo migliorarci

LE IDEOLOGIE E I PARTITI

Nel corso della storia umana si è passati da una forma di Stato primitiva, medievale, monarchica personificata – l'ètat c'est moi -, ad una forma di Stato politica. Questa fase è stata caratterizzata dalla partecipazione alla gestione della cosa pubblica di diverse fazioni popolari, grazie all'avvento della Repubblica. Queste fazioni popolari, organizzate poi in partiti, erano caratterizzate da una propria ideologia che, suggerita magari da diverse scuole di pensiero, a suo modo profetizzava la retta via da seguire per risolvere, per grandi linee teoriche ogni tipo di problema sociale. Dal confronto di queste ideologie è scaturito il dibattito politico che ha caratterizzato la nostra Repubblica fino ai nostri giorni. Il guaio di queste ideologie è che attraverso prediche teoriche, apparentemente impeccabili, si giustifica a livello pratico chi razzolando male opera scelte sbagliate in nome di una mancata verità della quale nessuno può essere depositario e alla quale pare si può tendere solo attraverso il metodo dello "sbagliando s'impara". Insomma ogni ideologia è buona e in nome di queste si pensa bene, ma si opera male. Il fallimento di oggi delle ideologie dei partiti sta nel fatto che queste sono delle false verità, nel senso che non ve ne è una che valga in senso assoluto. Questo fallimento ha segnato la fine di ogni discussione politica, proprio perché dopo ogni confronto ognuna di queste ideologie è rimasta delle proprie idee senza possibilità di mutamento. Mutamento che se ci fosse segnerebbe inevitabilmente la fine di questa o di quella ideologia, di quel movimento di pensiero, di quel partito. E piuttosto che accettare queste conseguenze si preferisce rimanere delle proprie idee, magari in buona fede, continuando a sbagliare. Il compito della politica oggigiorno è quindi quello di sforzarsi di creare, con il contributo di tutti, una sola ideologia che racchiuda una sola verità assoluta in nome di una giustizia sociale da raggiungere ad ogni costo. Le fonti ideologiche dalle quali bisogna attingere per pervenire ad un'unica ideologia e ad una unica verità politica, sono le ideologie di sinistra, di centro e di destra. Ma il centro esiste in quanto conseguenza di sintesi e mediazione delle tendenze politiche di destra e di sinistra. La destra può escludere la sinistra e viceversa, anche se solo in teoria, ma il centro non può escludere né l'una né l'altra, in quanto figlio di entrambe. La destra in pratica, invece, non può escludere la sinistra e viceversa perché, essendo le loro ideologie contrapposte, non possono essere depositarie di verità unica se separate, ma rappresentano comunque delle realtà ideologiche sociali che trovano la loro ragione di esistere nell'ispirare una unica ideologia politica di centro che rappresenta l'unica verità sociale di una organizzazione civile la più giusta possibile. La sintesi di questa trilogia trova inoltre nel centro un continuo aggiornamento ideologico caratterizzato dall'evoluzione sociale dei tempi attraverso i continui input della sinistra e della destra.

L'importanza delle ideologie giustifica l'esistenza dei partiti. I partiti devono essere limitati ad un numero di tre: partito di sinistra, partito di centro, partito di destra. I seggi elettorali devono essere assegnati ai partiti in egual numero. Il compito dei partiti è quello di selezionare gli uomini politici candidati alle elezioni in base all'estrazione a sorte fra i cittadini, alla disponibilità e alla capacità esecutiva dei programmi redatti dal popolo attraverso i partiti. Sono escluse alleanze. I partiti attraverso gli eletti costituiscono (in ultima istanza ai consigli e alle giunte comunali, provinciali e regionali) il Parlamento che ha il potere proponente legislativo. Le deliberazioni di legge sono affidate al popolo attraverso i referendum. Il Governo espressione del Parlamento viene scelto dai partiti attraverso un numero di ministri paritetico delle tre fazioni. La guida del governo è affidata al Capo dello Stato che viene eletto dal popolo fra i membri del Parlamento. Le cariche politiche sono periodiche e non riconfermabili.

DIRITTI E FAVORI

È prassi ormai consolidata che molti, non trovando nella vita sociale di tutti i giorni ciò di cui hanno bisogno, salgano le scale delle sezioni di partito per entrare nelle grazie di qualche potente di turno pronto a soddisfare ogni loro richiesta. Succede quindi che nelle belle parole di interesse generale che scaturiscono dagli interventi di ognuno, si celino ben altri interessi che si appagano solo a livello personale. Il partito, l'ideologia sono belle cose che in buona fede potrebbero essere utilizzati da ognuno per contribuire alla soluzione dei problemi della società. In realtà sono solo dei luoghi comuni con cui chi ci dovrebbe rappresentare al meglio detiene il potere, il nostro potere e tende a conservarlo in cambio di voti attraverso l'elargizione di favori che altro non sono che i nostri diritti.

I PERSONALISMI

Alle ennesime elezioni abbiamo assistito ancora una volta ad un susseguirsi di polemiche e assalti da parte di diverse fazioni del mondo dei partiti che non hanno certo fatto un'ottima impressione a quei pochi intervenuti che sono al di fuori di quella ristretta cerchia di assidui partecipanti. Ancora una volta le beghe del passato sono riaffiorate in un momento quanto mai inopportuno. Ancora una volta i personalismi hanno prevalso sul tentativo di ricostruzione di una società ormai allo sfascio. È ora di finirla. È ora di dare un taglio a questa situazione assurda che ormai non può perdurare più di tanto, perché la posta in gioco è troppo alta e riguarda la nostra stessa sopravvivenza all'interno di un sistema politico in crisi che ci sta schiacciando. È ora che ci si ponga al di sopra di queste fazioni e si impedisca assolutamente che motivazioni personali, giuste o sbagliate che siano, prendano il sopravvento su interessi di carattere generale che riguardano tutti. È ora che capiamo una volta per tutte che in questo stato di cose non sono il centro, la destra o la sinistra che vincono o perdono, ma siamo noi cittadini che perdiamo sempre. Non è l'operato politico degli altri che ha decretato la nostra crisi, ma la nostra indifferenza. Lo dimostrano cinquant'anni di consenso politico popolare. Lo dimostrano gli ultimi risultati elettorali. Gli italiani non vogliono al governo le sinistre, così come non vogliono la destra o chi si spaccia come tale. I risultati elettorali hanno segnato una leggera preminenza di uno schieramento rispetto agli altri, ma non c'è stato certo quella che viene invece decantata come una vittoria. Questa ci sarebbe stata solo con percentuali di scarto ben più alte e non di misura come invece è avvenuto. Lo dimostra il fatto che i signori eletti che si spacciano per vincitori sono tali solo per il fatto di essere stati eletti e non certo per aver dato un governo al nostro paese. Ancora una volta, quindi, gli eletti hanno vinto e gli elettori hanno perso.

L'IDEALISMO E IL MATERIALISMO

L'idealismo e il materialismo sono le due diverse facce di una stessa medaglia che è il progresso. L'uno ha ragione di esistere solo se finalizzato all'altro. Gli ideali non hanno utilità concreta se non vengono realizzati e materializzati: sono pensieri puri che devono avere un'utilità sociale generalizzata, affinché ognuno possa usufruire il più possibile di ogni bene materiale. I beni materiali senza gli ideali non hanno utilità sociale in quanto, pur esistendo ugualmente, vengono gestiti da pochi che facendone un uso egoistico non riescono a goderne a pieno i benefici che sono per loro esorbitanti ed eccessivi. Il lusso è la conseguenza assurda di questo improprio possesso, causa del degrado sociale di queste caste di privilegiati e della svalutazione di questi beni. La società deve servirsi dell'idealismo affinché possa godere, gestire e utilizzare meglio i beni materiali di cui dispone. Un'ulteriore e definitiva conferma della simbiosi tra idealismo e materialismo, dalla quale scaturisce l'utilità concreta che è rappresentata dal progresso, è la ricerca che si basa sulla dimostrazione scientifica, materiale, tangibile delle teorie ideali. Anche qui il merito dell'evoluzione scientifica non può certo essere additata ad una sola persona, nonostante l'impegno e la genialità profusi. Einstein ha elaborato la sua teoria generale della relatività salendo sulle spalle di studi preesistenti che erano e sono la spiegazione dell'universo secondo altri uomini, venuti al mondo prima di lui e che prima di lui si erano posti più o meno le stesse domande. Più tardi altri scienziati, come Hawking, ampliando il lavoro svolto dallo stesso Einstein, hanno spiegato i buchi neri o hanno documentato la sesta ed ultima particella dei mattoni della materia. Senza contare che gran parte di queste scoperte, se non tutte, sono diventate tali grazie all'ausilio di sofisticati mezzi tecnologici, elettronici e informatici scoperti da altre persone ancora.

LA VERITA' ASSOLUTA

La verità assoluta, unica, inconfutabile e che l'uomo desidera conoscere rincorrendola da sempre, è una verità ideale e in quanto tale esiste solo nei nostri pensieri e non perché sia irrealizzabile, ma solo perché ancora non abbiamo fatto abbastanza affinché si realizzi e si concretizzi. Al momento esistono solo delle "piccole verità" che riguardano soprattutto il campo scientifico e tecnologico. Queste sono verità inconfutabili, nel senso che hanno caratteristiche fisse dimostrabili e comunque riscontrabili, che rappresentano delle solide basi e premesse ad ulteriori verità scientifiche e tecnologiche future. Queste però sono verità secondarie e strumentali rispetto a quelle che riguardano l'esistenza e la vita stessa dell'uomo e che hanno una spiegazione filosofica e politica. Il guaio è, purtroppo, che la filosofia e la politica si basano solo su movimenti di opinioni di ideologie di parte che fomentano parvenze di verità i cui risultati riscontrabili e tangibili impallidiscono al confronto con quelli che scaturiscono dalle oggettive verità scientifiche e tecnologiche, i cui benefici di utilità sociale vengono proprio contrastati e ritardati dalla preminenza di queste pseudo-scienze. Oggi infatti l'unica verità filosofica e politica è che è vero ciò che si vuole che sia vero, non perché sia effettivamente riscontrabile e dimostrabile, ma perché alcuni hanno interesse affinché molti credano che sia vero.

L'INTERESSE

Alla base di ogni idea, azione o comportamento c'è l'interesse. Ogni ideologia è perciò interessata e non c'è niente di male che sia così, anzi l'interesse è il motore, la spinta, l'energia che crea l'idea dalla quale scaturisce ogni azione. L'essenzialità dell'interesse è tale da anteporsi a priori all'essenzialità stessa dell'idea. Senza interesse la vita dell'uomo non avrebbe senso e sarebbe certamente vittima della noia che la distruggerebbe. Ben venga quindi l'interesse che è il motore della storia dell'uomo. La storia insegna che la forma primordiale dell'interesse è stata ed è tuttora l'interesse personale. L'evoluzione storica ha segnato, grazie all'intelligenza dell'uomo, un passo in avanti, nel senso che l'uomo, superando questo stato primordiale dell'interesse, provvedendo in qualche modo ad appagarlo, ha contribuito all'evoluzione dello stesso creandone altri di tipo intellettuale, sociale, scientifico, tecnologico e politico. Fra questi interessi vi è una differenza sostanziale che ci deve far riflettere. Gli interessi scientifici e tecnologici hanno una portata sostanzialmente differente e decisamente vincente rispetto agli obiettivi e ai risultati di quelli intellettuali, sociali e politici. I primi hanno infatti una caratteristica propria essenziale: la validità generale e collettiva dei benefici apportati, che tengono conto di limitazioni, quali quelle territoriali, di razza, economiche, militari, che invece sono insite nei secondi. I risultati finali ai quali si è pervenuti spinti da interessi di carattere scientifico, sono delle scoperte che hanno portato a delle verità inconfutabili il cui tentativo di unitarietà, per quanto possibile, ha portato alla costruzione di macchine tecnologiche la cui utilità è di indiscusso valore sociale e rappresentano solide e concrete basi di sviluppo per quel che concerne il progresso umano futuro in ogni campo. I risultati ai quali siamo pervenuti grazie alla spinta degli interessi di carattere intellettuale, sociale e politico, viziati, zavorrati e limitati da interessi di parte dovuti oggi soprattutto a motivi di carattere economico, sono rappresentati da una miriade di ideologie e movimenti di pensiero che hanno creato, partiti, associazioni, club...che, a loro modo, professano delle verità che sono tutt'altro che inconfutabili, in quanto oppugnate in vario modo, fino all'esatto contrario, dagli uni contro gli altri. Il fatto, comunque, che queste verità non siano uniche e inconfutabili, non vuole assolutamente negare che siano mosse da legittime esigenze di ogni genere, che si uniscono e si contrastano e per il fatto stesso di esistere rappresentano pur sempre delle verità, anche se confutabili e passibili di contraddizioni. La confutabilità e la contraddizione di queste verità intellettuali, sociali e politiche, derivano dalla prevaricazione delle esigenze di alcuni interessi sociali di parte su altri, attraverso l'uso e l'abuso della forza espressa in ogni modo. È necessaria quindi un'epurazione di queste verità attraverso un processo di compromesso, senza alcuna prevaricazione delle esigenze dettate dai diversi interessi sociali e di parte, affinché, attraverso questa epurazione, le verità sociali siano veramente tali e inconfutabili e se ne pervenga ad un utilizzo unitario, per quanto inizialmente possibile, per dei benefici di carattere generale, senza alcuna limitazione di sorta, alla pari e in concerto con quelli apportati dalle verità scientifiche e tecnologiche.

RIFORMISMO E RIVOLUZIONE
L'ECONOMIA E LE IDEOLOGIE
LA POLITICA
IL FALLIMENTO DEI POLITICI
LA POLITICA E L'ECONOMIA
L'EX UNIONE SOVIETICA
LA POLITICA IMPRENDITORIALE
I GRANDI COMPLESSI COMMERCIALI
LO STROZZINAGGIO
LA REALIZZAZIONE DELLO STATO IDEALE

RIFORMISMO E RIVOLUZIONE

L'attuazione della strategia di trasformazione della società si realizza attraverso il riformismo e non la rivoluzione. Entrambi perseguono un fine comune: il cambiamento. L'unica differenza che li contraddistingue è nei tempi di attuazione che sono lenti e lunghi nel primo caso e brevi nel secondo. Ogni cambiamento ha bisogno di essere giustificato e quindi capito, recepito, voluto ed attuato e per soddisfare queste fasi occorre tutto il tempo necessario che solo il riformismo può offrire attraverso una graduale proposta di riforme. La rivoluzione è un cambiamento traumatico della società che deve essere necessariamente imposto e, per quanto possa essere teoricamente giusto, ha dei tempi di attuazione troppo brevi per essere recepito, capito e accettato.

L'ECONOMIA E LE IDEOLOGIE

Essendo l'uomo composto da materia corporea e pensiero, ne consegue che egli vive in una realtà dualistica fatta di rapporti economici e ideologici finalizzati a soddisfare i bisogni corporei e della mente. Siccome il pensiero è conseguenziale alla vita corporea, è bene anteporre le esigenze del corpo a quelle della mente e quindi, in una società civile, anteporre l'economia alle ideologie.

LA POLITICA

La filosofia è la capacità della mente di criticare l'attività dell'uomo attraverso spiegazioni teoriche. L'economia è il mezzo attraverso cui l'uomo soddisfa i bisogni materiali. La politica, che è l'attività di perseguire tutto ciò che è bene per l'umanità, si interpone fra l'economia e la filosofia. La religione, che è il tentativo di spiegare tutto ciò che è al di fuori della vita dell'uomo, si pone al di sopra della filosofia. Da questa sintetica e scarna classificazione delle attività umane, risalta preminente il ruolo della politica che fonde, facendoli interagire, gli elementi dualistici della realtà. La politica si esprime attraverso espressioni politiche di sinistra, centro e di destra. È bene capire che anche qui c'è una interazione delle espressioni politiche che annulla la preminenza o l'esclusione di ognuna.

La politica è la capacità di ognuno di operare per il bene di tutti. Oggi assistiamo ad una crisi della politica perché ci sono ancora interessi di parte che mantengono ancora in vita l'esistenza dei partiti che sono solo una fase temporale, ormai superata da più tempo, della storia dell'evoluzione della politica stessa. La fase finale di questa evoluzione, che riguarda finalmente la politica vera, si realizzerà solo quando gli interessi di parte si fonderanno e si coniugheranno, sintetizzandosi, negli interessi generali e quindi di tutti, pervenendo così ad un unico problema che richieda un'unica soluzione. Non più politica intesa come potere di parte da contrapporre ad altri poteri di parte con irrigidimento delle posizioni e ideologie che non risolvono i problemi, ma li congelano rimandandoli fino alle estreme conseguenze che purtroppo ricadono sempre sui ceti più deboli e politicamente più indifesi. Ma politica intesa come scienza delle soluzioni appropriate ai problemi etici, morali, economici, sociali, ecc., del popolo tutto, escluso nessuno. L'univocità dei problemi da anteporre all'univocità delle conseguenti soluzioni, per quanto possibile, rappresenta una caratteristica fondamentale della politica: la semplicità. La semplicità permette alla vera politica di essere capita da tutti, con la possibilità di avere un maggiore contributo da parte di tutti alla soluzione dei problemi di tutti. Complicare i problemi sociali rendendoli difficili o impossibili da comprendere è infatti un espediente per non risolverli.

IL FALLIMENTO DEI POLITICI

L'alternativa ai fallimenti dei politici che ci rappresentano siamo solo noi stessi. Il lavoro che ci attende per fare ciò non è certo di poco conto e bisogna cominciare subito. È inutile piangere sul latte versato. È inutile litigare fra di noi perché così facendo perdiamo solo del tempo prezioso che in un futuro alquanto prossimo potremmo non avere più. Davanti a noi ci devono essere solo i nostri problemi, che sono e devono essere i problemi di tutti, che devono prevalere su tutto e su tutti. La gente vuole posti di lavoro. Cerchiamo di coinvolgere il maggior numero di persone possibile, dai lavoratori, ai professori, agli imprenditori, ai disoccupati. Da loro cerchiamo di trarre, sintetizzare, la linfa del tentativo della soluzione di questo e di altri problemi. Stiliamo dei documenti che sostengono questo strenuo tentativo. Esponiamoli agli organi competenti. Obblighiamo chi ci amministra e governa ad ascoltare le nostre idee di soluzione supportate dalla forza della ragione e della necessità incombente. Facciamo dei nostri eletti la nostra voce. Facciamolo, ma facciamolo subito. Solo operando in questo senso saremo coscienti del fatto di essere stati finalmente coinvolti direttamente nella libera gestione e amministrazione della cosa pubblica. Solo così cominceremo a predisporre le basi per un futuro migliore.

LA SPARTIZIONE DEI POTERI

La logica della spartizione dei poteri è una conseguenza dei rapporti politici basati sulla legge dei numeri. Si parte sempre dalle ideologie, o presunte tali, per irretire grazie ai partiti, il maggior numero di consensi attraverso il voto elettorale. Si procede poi alla somma, sottrazione, moltiplicazione e divisione di questi voti, a seconda dei sistemi elettorali, per l'assegnazione dei seggi che alla fine riflettono la più o meno preminenza di questo o di quel partito, con l'ulteriore inconveniente che le proporzioni di questi partiti sono suscettibili di variazioni grazie alla possibilità degli eletti di passare da uno schieramento all'altro. Una volta raggiunto un quadro numerico più o meno stabile, si procede alla formazione del governo che, essendo espressione di maggioranza numerica di una coalizione rispetto ad altre, tende ad accaparrarsi il controllo e la gestione di più poteri possibili, imponendo quindi la logica della spartizione e degli interessi di parte.

LA POLITICA E L'ECONOMIA

Scindere la politica dall'economia è come separare l'uomo dai suoi indumenti e averi, rendendolo nudo e primordiale. I capi preistorici, i monarchi, gli imperatori, ecc., imponevano la propria politica attraverso i rapporti di forza, di soggezione, di gerarchia, che sfociavano poi nella relativa assegnazione di beni (terre), servizi (lavoro) e quantità di cibo a disposizione che erano e sono ancora oggi gli elementi essenziali dell'economia. Gli odierni capitalisti, grazie all'avvento della borghesia e alla liberalizzazione dei mercati, influenzano la politica fino addirittura controllarla attraverso l'economia, in conseguenza dei rapporti di forza del loro denaro. La politica è caratterizzata oggi dai rapporti di forza fra le diverse fazioni sociali attraverso i diversi modi con i quali si pongono nei confronti dell'economia. Una volta questi rapporti di forza erano basati sulla prestanza fisica dei capi che, organizzando in qualche modo le tribù, imponevano il proprio modo di vedere l'economia. Questo rapporto di forza personale si è poi trasferito in un rapporto di forza non più del singolo, ma numerico, militare, basato sulla più o meno consistenza degli eserciti che permettevano comunque al singolo capo, monarca, imperatore, di imporre il proprio modo di intendere l'economia. Oggigiorno, anche se esistono ancora gli strascichi degli eserciti, questi hanno una discutibile funzione di conservazione della pace attraverso la difesa dei confini territoriali degli Stati, che origina spesso quella che viene definita "guerra fredda", in balìa di contrattazioni più diplomatiche che militari. Non sono quindi gli eserciti, ma le quantità di denaro accumulate da singoli, gruppi e società di persone che condizionano la politica e influiscono sull'economia. Così come vi è una evoluzione nell'avvicendarsi della storia politica, di pari passo vi è una relativa e conseguente evoluzione dell'economia che è perciò stesso politica. I latifondisti dell'era monarchica e imperiale non erano certo preoccupati dal nascere di un mercato basato dapprima sul baratto e poi sull'introduzione dei primi rudimentali pezzi di denaro, testimoni e garanti del valore di un nuovo modo di intendere l'economia che ormai non avrebbe più tenuto conto dell'estensione degli stessi latifondi, che anzi sarebbero poi stati assoggettati e subordinati al valore del denaro. E così, con il tempo, alla continua evoluzione della politica ha fatto riscontro un continuo consolidamento dell'economia che attraverso, il denaro, da strumento e mezzo conseguenziale dell'affermazione della politica, è diventata preminente rispetto alla stessa politica, perché capace di influenzarla. Attenzione però, perché la colpa di questo capovolgimento di ruoli non è dell'economia, ma della politica che ha permesso al denaro di impossessarsi dell'economia. La causa di tutto ciò va ricercata nell'instaurazione di un "libero mercato capitalistico" basato sulla proprietà privata che ha snaturato il congenito rapporto della politica e dell'economia, dividendole, separandole e facendo dell'economia politica una economia privata che ha permesso agli interessi del singolo o dei singoli di prevalere sugli interessi della collettività. La creazione del denaro è la conseguenza di questo smembramento dell'economia politica, che consente al singolo e ai singoli di impossessarsi di spazi politico-economici che non appartengono loro, soffocando gli interessi del resto della comunità. Quello che oggi viene definito un libero mercato altro non è che un mercato in balìa di un libertinaggio che infischiandosene delle regole sociali, attraverso il denaro, appaga uno spropositato desiderio egoistico. Un conto è infatti parlare di libertà intesa come espressione di un diritto del singolo in rapporto alle esigenze della società e un altro conto camuffare di libertà un libertinaggio irriguardoso che calpesta i diritti essenziali della società, prevaricandoli e assoggettandoli ad una ricchezza che non è certo indice di progresso economico-sociale perché nelle mani di pochi e quindi fine a sé stessa. Vi è infatti vero progresso economico, conseguenza di un giusto processo politico sociale, solo quando i benefici sono a favore di tutti. La ricchezza è oggi la bandiera di un sistema economico ingiusto, indice di un'economia aggressiva e asservita nelle mani di pochi che si appropriano, grazie al denaro, degli spazi economici altrui. La vera ricchezza non può essere peculiare del singolo o dei pochi, ma deve essere una ricchezza economica e sociale e quindi di tutti, della quale devono conseguentemente e necessariamente beneficiare i singoli nella loro totalità.

È bene comunque riflettere sull'input personale della proprietà privata e della ricchezza del singolo e dei singoli che tanto ha contribuito allo sviluppo dei mercati, che va regolato e non certo annullato. Non sono tra i fautori della politica di Robin Hood, perché togliendo ai ricchi per dare ai poveri non si fa altro che creare nuovi ricchi e nuovi poveri. È certo però che chi si è appropriato di spazi politico-economici che non gli appartengono deve ritornare sui suoi passi cedendo il posto alle decisioni della politica economica sociale, quella vera che non si fa influenzare dal denaro, ma solo da indicazioni di carattere economico che tengano conto solo degli interessi della collettività. Quanto alle ricchezze materiali dei pochi, questi possono stare tranquilli perché nessuno toglierà loro niente, ma contribuiranno soltanto a livello fiscale in percentuale unica e uguale per tutti: chi ha di più è giusto che contribuisca di più, ma solo in ragione di un'unica percentuale uguale per tutti. In quanto al denaro, figlio illegittimo di un'economia asservita al privato, giustificato solo, nonostante tutto, come traccia di un'evoluzione economica così come quella politica, penso che in un futuro alquanto prossimo, e solo con l'avvento di un'economia politica di utilità pubblica supportata dalla continua evoluzione tecnologica e informatica, scomparirà per cedere il posto a semplici note contabili di addebito e di accredito a mezzo carte di credito, conseguenza di un uso o di un apporto di beni e servizi della società

L'EX UNIONE SOVIETICA

La caduta e il fallimento del regime economico imposto con la forza militare dalla politica dell'ex Unione Sovietica, rappresenta l'altra faccia della medaglia. Le cause vanno ricercate in una esasperazione dell'economia asservita invece alla politica in nome di una utilità pubblica che ha soffocato ogni tentativo di iniziativa personale, che invece rappresenta la linfa essenziale allo sviluppo di ogni mercato inteso come centro di scambio economico, tecnologico e culturale tra i popoli, necessario allo sviluppo e al progresso di ogni società umana. Il fallimento economico russo, comunque, non deve essere uno stupido esempio di ulteriore e definitiva conferma della validità del sistema odierno capitalistico occidentale, ma un intelligente monito ad apportare le opportune modifiche all'attuale economia di mercato, affinché si pongano le basi per una utile e concreta prospettiva di una politica economica, che trasformi l'attuale libertinaggio di mercato instaurato in una democrazia concessa, in un libero mercato conseguenza di una politica democratica dovuta

LE BARRIERE

Il traguardo ultimo dell'evoluzione politica, economica, sociale dell'uomo è l'abbattimento di ogni barriera, dovuta al modo di pensare e di essere nei rapporti con gli altri, al fine di utilizzare queste diversità non come elemento di distinzione primordiale e naturale, ma come ulteriore occasione di riflessione su quanto di buono possono offrire, per poter continuamente migliorare in ogni senso

LA POLITICA IMPRENDITORIALE

La logica della politica imprenditoriale oggi si riduce ad una verifica dei conti sui tabulati di fine esercizio e se ci sono conti in rosso provvede subito ai licenziamenti con "l'utile" conseguenza sociale che i ricchi salvaguardano il beneamato capitale e il lavoratore invece va ad incrementare il già preoccupante numero dei disoccupati, con conseguenze economiche disastrose per la propria famiglia.

I GRANDI COMPLESSI COMMERCIALI

I grandi complessi commerciali sostenuti dai capitali della grande imprenditoria (che magari li sostituisce con sovvenzioni statali) creano grossi problemi di concorrenza, fino a soffocarli, al resto dei piccoli imprenditori. Avrebbero quindi ragione di esistere come centri commerciali solo se fossero sede di lavoro dei piccoli imprenditori, i quali dovrebbero ovviare ai problemi creati dalla concorrenza attraverso la settorialità della merce e l'imposizione dei prezzi che scaturirebbero da una logica di mercato, socialmente e commercialmente, la più giusta possibile. La settorialità della merce garantirebbe infatti, attraverso l'assegnazione a numero chiuso dei punti di vendita, la sopravvivenza commerciale dell'imprenditore. L'imposizione dei prezzi aumenterebbe la qualità standard dei prodotti ed eliminerebbe la produzione dei prodotti di scarto. La pubblicità dei prodotti si ridurrebbe così ad una utile consulenza per gli acquisti che presenterebbe al pubblico i prodotti attraverso l'indirizzo delle caratteristiche tecniche, della qualità, del prezzo in rapporto alle varie esigenze dei consumatori.

LO STROZZINAGGIO

Vorrei spendere due parole a favore degli istituti di credito. Lo Stato attuale invece che cercare di affrontare e risolvere il problema dello strozzinaggio, ancora una volta cerca di spostare il centro dell'attenzione e delle responsabilità verso altri settori, confermando la sua latitanza verso problemi di così drastica importanza. Gli istituti di credito sono le strutture economiche e sociali più importanti ed efficienti che operano sul territorio dello Stato. La loro efficienza deriva soprattutto dagli enormi investimenti effettuati nel campo delle innovazioni tecnologiche ed informatiche che supportano una ferrea organizzazione ormai consolidata da secoli di esperienza lavorativa che ha creato ogni forma di finanziamento e di risparmio adeguati alle famiglie, alle imprese e agli enti pubblici. Dobbiamo però capire che le banche sono enti che hanno sì una essenziale funzione sociale, perché non credo che si possa negare loro il merito di tutto ciò che è stato fatto fino ad oggi, ma esse non sono comunque enti di beneficienza.

Ciò vuol dire che se danno i soldi con una mano, fanno di tutto affinché, grazie all'acquisizione di ogni forma di garanzia, li recuperino con due. Il rientro delle somme di denaro prestate è indispensabile e prioritario alla sopravvivenza stessa di questi enti economici. Ne consegue che i prestiti alle famiglie vengono concessi solo se garantiti da un reddito fisso. E il reddito fisso alle famiglie lo può garantire solo lo Stato attraverso l'occupazione. I prestiti alle imprese vengono concessi solo se queste sono in grado, attraverso la presentazione di una serie di garanzie e documentazioni, di far fronte agli impegni assunti. Ulteriori finanziamenti a nuove imprese ed imprenditori potrebbero essere erogati solo se lo Stato ne garantisse in qualche modo l'eventuale mancato buon fine attraverso l'immediato rimborso alle banche delle somme interessate, che contestualmente le recupererebbe con dilazioni nel tempo nei confronti degli imprenditori debitori: il tutto, naturalmente, regolato da legislazioni in materia per evitare ulteriori speculazioni. Il fatto che le banche diano preminenza alla liquidità ed al reddito rispetto ad altre forme di garanzie, come quelle patrimoniali, è un ulteriore prova che queste hanno solo interesse affinché il debitore restituisca il dovuto per non appropriarsi dei suoi beni. Il fatto che qualche cretino, soprattutto nelle sfere dirigenziali, faccia tutto meno che il bancario, non è un motivo sufficiente a criminalizzare un'intera categoria di lavoratori. Il fatto che i parametri di erogazione del credito si siano irrigiditi, anche in presenza delle congrue garanzie supposte, non è da addebitare alle banche, ma è una semplice conseguenza della mediazione da parte dello Stato, senza nessuna garanzia di rientro, per facilitare finanziamenti a grossi gruppi commerciali e industriali, con la disastrosa conseguenza che centinaia di migliaia di miliardi dei risparmiatori sono andati in fumo grazie al fallimento di questi gruppi che hanno generato solo disoccupazione e una nuova categoria sociale di furbi e imbroglioni, quella dei cosiddetti "falliti ricchi". Le conseguenze sono facili da immaginare: più protesti e più gente quindi predisposta per gli strozzini. Il fatto che poi questi importantissimi settori economici della società vengano privatizzati per meglio garantire gli interessi di parte, non è certo colpa delle banche, ma dei sig.ri rappresentanti degli alti vertici dello Stato che hanno permesso che ciò accadesse.

LA REALIZZAZIONE DELLO STATO IDEALE

Compito della politica è la creazione concreta e quindi materiale dello Stato che soddisfi una prima fase di bisogni economici e che attraverso le ideologie attui una serie di riforme progressive che con il tempo portino alla interazione dello Stato materiale con quello ideale.

Lo Stato ideale non ha precedenti, ma non nasce dal niente perché è l'evoluzione storica di ogni forma di Stato precedente e preesistente. Questo Stato può nascere e vivere solo attraverso il dominio del popolo che deve imporsi con mezzi propri affinché sia veramente e finalmente libero. La novità è nel nuovo modo di gestire ciò che già esiste, che non dipenderà dalle decisioni di pochi, ma dalle decisioni di tutti. Attraverso una serie di riforme, continue nel tempo, lo Stato Ideale correggerà quello preesistente. Lo stato ideale non avrà mai fine perché nel tempo tenderà sempre più alla perfezione, a differenza di tutti gli altri Stati che non hanno retto perché vittime delle loro stesse imperfezioni. La perfezione politica infatti la si raggiunge solo attraverso il consenso unanime. Ci sarà gradualmente sempre meno bisogno di offendere e quindi di difendere; converrà a tutti amarsi di più fino a vedere nel prossimo la realizzazione dei nostri stessi interessi, cosicché ognuno sarà benvoluto perché nessuno avrà motivo di contrastarlo.

Le difficoltà per la concreta realizzazione di questo progetto non mancano. Il popolo deve prendere piena coscienza che questo cambiamento è ultimo e definitivo e non fa parte di quella continua voglia di cambiare per avere il meglio che ci fa imbattere puntualmente in inganni che denotano solo il peggio.

La prima difficoltà è nella mancanza iniziale dell'unità di intenti, perché ci sono alcuni che hanno interesse affinché le cose permangano come sono. È necessaria una formazione popolare che porti avanti queste idee e che ci creda veramente. Le uniche armi per l'affermazione di queste idee saranno le uniche e sole armi della ragione e anche quando si sarà costretti a protestare lo si farà in modo civile e intelligente, perché anche la protesta non deve essere solamente tale e quindi sterile, ma deve aiutarci a fare un ulteriore passo, anche se piccolo, verso l'intento. Il mancato ricorso alla forza deve essere la logica conseguenza del continuo ricorso alla forza degli Stati precedenti, che ha portato solo verso ogni forma di fallimento. Non bisogna offendere ma convincere, non bisogna polemizzare ma discutere, trovando necessariamente una alternativa ragionevole ad ogni problema che può contrastare la realizzazione del progetto che è la concreta realizzazione del bene di tutti. Non sarà facile, ma dobbiamo batterci con tutta la forza della nostra ragione, perché i problemi non si risolvono con l'oppressione e la repressione, perché così facendo li si ignorano, ma con l'intelligenza di chi si preoccupa di conoscere bene ogni problema in modo da dare ad ognuno adeguata soluzione. Chi la pensa diversamente non deve essere considerato nemico, anche se sappiamo bene che i suoi sono solo pensieri che celano e supportano malamente interessi personali dettati solo dall'egoismo. Nessuno sarà ingannato, perché quello che ognuno vorrà o non vorrà sarà voluto o non voluto da tutti. La realizzazione di questo Stato Ideale passerà necessariamente attraverso tre fasi: l'occupazione con mezzi preesistenti del sistema preesistente; l'avvio delle riforme che gradualmente deve spostare il baricentro del potere dagli eletti agli elettori; la piena realizzazione dello Stato Ideale.

LA COSTITUZIONE
IL PRINCIPIO DI RAPPRESENTANZA
CRITICA AD ALCUNI ARTT. DELLA COSTITUZIONE
PREGI DELL'IMPOSTAZIONE GENERALE COSTITUZIONALE

LA COSTITUZIONE

La Costituzione è lo strumento generale attraverso cui il popolo esercita la propria sovranità ed ha quindi ragione di esistere solo se redatta dal popolo che si riserva il diritto di modificarla, a seguito della continua evoluzione sociale, solo attraverso forme di intervento aggravate previste nella stessa carta costituzionale

IL PRINCIPIO DI RAPPRESENTANZA

La causa di tutti i problemi politici odierni è il principio di rappresentanza su cui poggia il ruolo della tanto citata Costituzione. Quest'ultima è stata la semplice conseguenza storica di uno stato di cose che non poteva perdurare più di tanto: la monarchia. La scomparsa della monarchia però non è mai avvenuta, semplicemente perché la Costituzione, che si proponeva un simile scopo, ha fatto sì che la monarchia principale si trasformasse in tante piccole monarchie (deputati e senatori) provocandone se mai una evoluzione. Tutto questo perché il principio di rappresentanza assomma poteri decisionali e deliberanti sproporzionati ai bisogni e alle capacità di un solo uomo, che invece dovrebbe semplicemente eseguire le direttive di un programma già stabilito a monte da organizzazioni popolari attraverso l'attivazione del mandato imperativo, che ridurrebbe a semplici esecutori di funzioni già programmate gli uomini politici, che avrebbero quindi un ruolo più consono alle loro capacità, possibilità ed interessi. Solo così gli interessi della comunità prevarrebbero sugli interessi del singolo, che andrebbe comunque tutelato e protetto come del resto avviene, ma non sproporzionatamente e irrealmente ingigantito attraverso un conferimento di poteri illimitato a livello politico ed economico. Respingo fermamente la proposta di una eventuale repubblica presidenziale e della elezione diretta dei sindaci sul tipo di quella americana. L'elezione diretta di un presidente della repubblica e dei sindaci non farebbe che aggravare lo stato di confusione sociale in cui siamo imbrigliati, perché accentuerebbe ancora di più nelle mani di un solo uomo poteri che non gli appartengono e che non ha la capacità e la possibilità di esercitare perché egli, per quanto si sforzi di farlo, non potrà mai capire da solo quali e quanti siano i problemi delle decine di milioni o delle decine di migliaia di persone che egli è impossibilitato a rappresentare. Anzi una siffatta proposta non farebbe che ristabilire una fase storica apparentemente superata e che rappresenta l'immediata evoluzione della monarchia: la dittatura (monarchia imposta con la forza e non più quindi a carattere ereditario). Questo dimostra come anche il sistema di governo americano e similari siano retrogradi e quindi legati a forme di monarchia evolute. Un eventuale presidente ed un eventuale sindaco, eletti dal popolo, avrebbero ragione di esistere solo in qualità di massimi funzionari esecutivi della volontà programmatica del popolo. Non intendo con questo assolvere la responsabilità della massa e condannare l'operato dei politici o viceversa, anche perché il popolo nella sua totalità non può pensare di risolvere i problemi che lo assillano da sempre andando alle urne ogni cinque anni, facendo una crocetta sulle liste dei partiti e dando i numeri delle preferenze. Ci vuole da parte sua e quindi di tutti un impegno di gran lunga superiore e costante attraverso forme di controllo e di gestione che lo riguardino molto più da vicino, affinché possa finalmente reclamare e imporre la mai realizzata Sovranità Popolare.

CRITICA AD ALCUNI ARTT. DELLA COSTITUZIONE

L'art.4 della Costituzione riconosce a tutti i cittadini il diritto al lavoro e promuove le condizioni che rendano effettivo questo diritto. L'intento è lodevole, almeno in teoria. In pratica le cose stanno molto diversamente. Il mezzo più usato per l'acquisizione di un posto di lavoro è il cosiddetto concorso pubblico che ben incarna la famigerata legge del più forte dalla quale bisogna assolutamente rifuggire. In questo caso la legge del più forte dovrebbe incarnare capacità intellettive e di cultura che rappresentano i minori dei mali che scaturiscono in queste occasioni attraverso le pressioni dei politici. L'esternazione delle conoscenze culturali di ognuno è un modo come un altro per garantire il lavoro solo a chi ha avuto la possibilità di studiare, di farlo con tutte le comodità, conseguendo magari un ingiusto massimo punteggio di diploma o laurea, negando quindi un diritto parimenti acquisibile a chi magari non ha voluto o potuto studiare perché pressato da responsabilità e problemi più gravi come mandare avanti in qualche modo una famiglia. Tutto questo per dire che il posto di lavoro è un diritto e in quanto tale deve essere acquisito a priori attraverso la tanto criticata chiamata diretta: strumento clientelare dei politici perché diretta soprattutto a chi può garantire il maggior numero di voti e non a chi è meno abbiente a livello economico e sociale.

L'art. 8 afferma che tutte le confessioni religiose sono egualmente libere davanti alla legge. Questo art. contrasta chiaramente con l'art. 7 che attribuisce addirittura un carattere sovrano alla chiesa cattolica, addirittura pari a quello dello Stato. Penso che sia mal celato il tentativo dell'assemblea costituente di consolidare ancora una volta il ruolo preminente della religione cattolica rispetto alle altre. È strano come la Chiesa professi l'uguaglianza di tutti davanti al Signore e non muova un dito per rinunciare a questa ormai secolare posizione di privilegio rispetto alle altre confessioni. Non è oltretutto giusto, religioso, caritatevole che nell'ora di religione nelle scuole si insegni solo quella cattolica.

A proposito dell'art. 21, secondo cui hanno diritto di manifestare liberamente il proprio pensiero, con la parola, lo scritto e ogni altro mezzo di diffusione, è bene che si faccia una precisazione dei fatti che succedono e delle opinioni espresse. È bene che si cominci a distinguere le due cose, nel senso che dovrebbero necessariamente essere stampate o trasmesse separatamente al fine di evitare strumentalizzazioni e influenze dei fatti attraverso le opinioni e viceversa.

PREGI DELL'IMPOSTAZIONE GENERALE COSTITUZIONALE

Le poche righe mosse nei confronti della Costituzione a proposito del principio di rappresentanza e degli artt. 4, 8 e 21, sono solo un esempio del tentativo di adeguare ai tempi alcune parti, in nome di una esigenza dettata dall'evoluzione della politica. Non sono certo una negazione di quanto di buono l'assemblea ha redatto e che rappresenta l'ossatura della stessa Costituzione che nella fase di reiscrizione potrebbe essere presa in considerazione, o addirittura ratificata per presa visione, a seguito della vera realizzazione e identificazione della sovranità popolare. Lo stesso dicasi per i vari codici che, di concerto con i principi costituzionali, andrebbero solo migliorati per quanto possibile e non certo cancellati con un colpo di spugna.

IL MESSAGGIO DI CRISTO
LA QUALITA' DELLA VITA
IL PENTITISMO
LA DELINQUENZA
COLPA E DOLO DELL'AVVOCATURA
IL MATRIMONIO
L'ESPROPRIAZIONE
L'ISTRUZIONE
IL LAVORO
I RECORDS
DIEFFERENZE ANIMALI E UMANE
L'INTELLIGENZA
IMPARARE E APPRENDERE
LE REGOLE
LA TERRA
AGIRE, PARLARE, SOGNARE
LA PERSONALITA'
ORDINE E DISORDINE
DIO
LA BELLEZZA
LA CULTURA
LA SCIENZA
L'ARTE
LA MUSICA
IL VERO UOMO
SCRIVERE
IL POTERE

IL MESSAGGIO DI CRISTO

Cristo, prima che Dio, era un uomo che professava cose molto intelligenti ed oltremodo eccezionali per i tempi in cui era vissuto. La componente divina gli era stata attribuita proprio in virtù della eccezionalità delle sue parole che erano fonte di giustizia per ogni uomo. In un tempo in cui solo gli imperatori potevano avere una natura divina, scaturita da un potere basato sull'ignoranza del popolo schiavizzato che subiva i loro umori e le loro decisioni, parole come "Ama il prossimo tuo come te stesso" suonavano blasfeme ad un sistema che misurava attraverso la quantità delle terre colonizzate la giustezza apparente dell'organizzazione dell'Impero Romano. Vero è che questo è stato l'impero più grande che sia mai esistito, ma altrettanto è vero che la verità proferita dalle parole di giustizia, pubblicamente, da un uomo che ha pagato con la crocifissione il coraggio della sua coerenza di pensiero, ne hanno minato inesorabilmente le fondamenta decretandone lentamente la fine. La certezza, la grandezza, il potere, la deificazione che scaturivano da una organizzazione di vita alimentata dalla guerra, dalla colonizzazione, dalle differenze di classe, dalla schiavitù, cominciava a vacillare di fronte al beneficio del dubbio caratterizzato dal dogma dell'amore di un uomo verso gli altri, in nome di una uguaglianza che ognuno aveva sognato ma che nessuno aveva mai osato sussurrare prima. Al di là della sacralizzazione di questo gesto da parte di un movimento religioso che ne ha strumentalizzato impropriamente le interpretazioni monopolizzandole, rimane la grande lezione di giustizia sociale che traspare da questo intelligente messaggio di verità. Amare gli altri o semplicemente adoperarsi per gli altri non è e non deve essere un gesto eccezionale che beatifica e divinizza chi lo compie, ma deve essere molto più semplicemente un modo intelligente e diffuso di dare agli altri, affinché questi, direttamente o indirettamente, restituiscano dei benefici, dei servizi, dei miglioramenti della qualità della vita che altrimenti da soli sarebbero impossibili da apportare a sé stessi, perché frutto di più azioni e collaborazione. Chi lavora si adopera e si rende utile agli altri utilizzando a sua volta i prodotti e i servizi frutto dell'operosità altrui. Se mai potesse esistere il vero comunismo senza restrizioni di libertà, Cristo ne sarebbe il precursore per antonomasia. È curioso come la Chiesa Cattolica, che dovrebbe chiarire, diffondere e realizzare ciò che Cristo ha cominciato, si adoperi in ogni modo contro l'ideologia comunista e che i paesi comunisti, che dovrebbero imparare dalle parole di Cristo i rudimenti del vero comunismo per la trasformazione in positivo della società, siano atei. La verità è che sia il Cattolicesimo che i paesi comunisti in realtà sono solo presunti tali, perché mossi e dominati ancora da interessi egoistici di parte. Frasi come "il comunismo è la forma necessaria e l'energico principio del prossimo avvenire, ma esso non è come tale il termine dell'evoluzione umana", sono solo un monito per far sì che la gente sopporti i lati negativi, quali le restrizioni di libertà, di un comunismo imposto attraverso una fase storica transitoria che accede solo ad una esasperata situazione di regime militare destinato, per fortuna, a non durare a lungo. Frasi come "porgete l'altra guancia", da semplice invito ad evitare la violenza come mezzo di soluzione di problemi sociali, che comunque andavano risolti magari attraverso una mancata mediazione della Chiesa, sono state strumentalizzate o almeno male interpretate dal Cattolicesimo che, incoraggiando alla sottomissione gli oppressi, ha solo ritardato fino ai nostri giorni la soluzione dei problemi fra ricchi e poveri. La Chiesa infatti da sempre è dalla parte dei poveri e dei meno abbienti, ma da sempre "investe e promulga" i ricchi e i potenti.

LA QUALITA' DELLA VITA

Il tumore, così come l'AIDS e ogni malattia incurabile, rappresenta oggi un limite troppo evidente per la medicina del 2000. Un limite che ci deve far riflettere. Io credo che oggi si possa curare una malattia sempreché sia nota la causa. Solo così è possibile porvi rimedio attraverso le medicine o l'intervento chirurgico o con l'ausilio di entrambi, nonostante gli effetti collaterali che ne possono derivare. In questi casi la causa della malattia ha un carattere fisico, materiale, tangibile, correlata a motivi di natura nutrizionale e motoria. Nel caso di una malattia mortale come il tumore la causa non è, a mio umile parere, una sola o comunque circoscritta e individuabile, ma va ricercata in motivi traumatici di carattere psicologico che si tramutano poi in problemi irrimediabili di carattere fisico. Del resto a tutti è nota la stretta e necessaria correlazione tra mente e corpo: "mens sana in corpore sano", dicevano i greci. La mente sta bene se il corpo sta bene e su questo non discuto. Semplicemente vorrei aggiungere che è altrettanto vero il contrario e cioè il corpo sta bene se la mente sta bene.

Questo remoto concetto è molto importante per capire come il primo stadio pronunciato dai greci – mens sana in corpore sano – coincida con il primo stadio della medicina umana che ha avuto un notevole successo curando attraverso la medicina e la chirurgia tutte o quasi le malattie di origine fisica, materiale e quindi nutrizionale e motoria: cattiva nutrizione dovuta a motivi economici e di ignoranza, movimenti scorretti e sforzi fisici eccessivi e non naturali. Sono naturali quei movimenti che il nostro corpo, per conformazione fisica ed esigenze biologiche di movimento e forza, è portato ad eseguire in circostanze del tutto normali e di equilibrio, ma non necessariamente, per vivere. Quest'ultimo concetto, condizionante ma non vincolante l'esistenza materiale dell'uomo, assume un'importanza del tutto notevole a livello psicologico e mentale perché attraverso questa possibilità, forma di potere, egli può più o meno realizzarsi dando un senso più o meno valido alla sua esistenza. Cito l'esempio della carrozza trainata da cavalli: la carrozza rappresenta il corpo, i cavalli la mente. Se i cavalli stanno fermi vivono ugualmente, ma non assurgono allo scopo per cui sono stati collocati, cioè spostare la carrozza, e questo corrisponde alla vita di un uomo che è simile a quella di un vegetale. Se invece i cavalli spostano la carrozza adempiono allo scopo loro affidato e il modo con cui lo fanno, lungo il percorso della vita, è lo stesso attraverso cui si realizza l'esistenza di un uomo prima di tagliare il traguardo che è la morte, porta di accesso di un mondo che non ci è dato di conoscere in vita. Il potere di fare ciò che si potrebbe anche non fare è la possibilità di realizzare la vita di ogni uomo, dando ad essa uno scopo pensato dalla mente e realizzato in ogni modo dal corpo. Questo potere rappresenta il punto di partenza e il tratto di unione fra la mente e il corpo. La mente trascinando il corpo verso i suoi pensieri, lo incontra accettandolo in vita e ripudiandolo nella morte, copiandone comunque forme e sembianze, conservandole e sviluppandole attraverso l'anima: pensiero puro avente solo forma e non materia corporea, strumento di vita dello spirito e non più del corpo inteso come insieme di materia vivente, primo stadio della coscienza della morte, involucro dell'anima costretta alla terra, territorio imposto alla vita. Da tutto questo scaturisce il senso della morte come liberazione della mente dal corpo, del quale conserva le sembianze attraverso l'anima, dando un senso positivo alla vita dell'uomo.

Il secondo stadio, il corpo è sano se la mente è sana, è il nocciolo del discorso perché rappresenta il campo in cui la medicina è abbastanza inerte: la malattia di natura psicologica. La stessa medicina oggi ammette che sia il corpo che la mente possano ammalarsi, ma mentre riesce in qualche modo ad intervenire sull'uno, non riesce a fare altrettanto sull'altra. Alla luce dei fatti la vera medicina per ogni forma di malattia è la prevenzione. Però se per le malattie di origine materiale ci possiamo permettere qualche distrazione, in quanto ne è possibile in qualche modo la cura, le malattie di origine psichica bisogna assolutamente prevenirle se si vuole continuare a vivere. Prevenire una o più malattie di origine psichica, significa creare nell'uomo o all'uomo ambienti ideali di benessere che gli permettano di realizzarsi, sfuggendo da quelle che sono le cause mortali dei tumori: ansia, stress, paure molto intense, traumi. Tutto ciò insomma che troviamo nella vita di tutti i giorni, che il fisico non riesce ad attutire e che dovremmo evitare senza il monito dei tumori, ascoltando semplicemente il buon senso che eviterebbe problemi a noi stessi e agi altri. Il tumore è lo sconvolgimento mortale dell'equilibrio necessario alla vita di una cellula. La cellula è l'insieme vivente più piccolo del corpo umano. Possiamo paragonare la cellula ad un uomo, insieme vivente più complesso ma sempre suo multiplo, e il corpo umano, insieme di cellule in cui ogni singola cellula si realizza vivendo in simbiosi con altre, all'umanità.

Così facendo dobbiamo preoccuparci e riflettere: la morte inconscia di una cellula che non può o non vuole vivere in un corpo è la premonizione della morte di un uomo che non può o non vuole vivere in questa società. E come la morte di una cellula, coinvolgendo le altre che seguono il suo stesso fine, può portare alla morte di una persona, così la morte di una persona potrebbe essere un pericoloso inizio di distruzione della società umana e quindi una impossibilità di appartenere e di realizzarsi in essa. Ho sentito dire che il tumore ha inizio con la pazzia di una cellula che non segue più il suo iter biologico sconvolgendo, con il coinvolgimento di altre cellule, la funzione che la riguarda in organi di vitale importanza, causando inesorabilmente la morte di un uomo. In un uomo la pazzia non è causa di morte verso sé stessi, se mai può esserlo verso gli altri. Anzi il suicidio nella mente di un pazzo, se mai avvenisse, sarebbe l'unico pensiero razionale che metterebbe fine ad una vita di stenti e patimenti. E così in una cellula la pazzia non provocherebbe la morte della stessa, ma malattie che la deformerebbero mantenendola comunque in vita, e nel caso del suicidio di una o più cellule nel corso di queste malattie, questo sarebbe quasi una scelta alla non vita piuttosto che alla deformazione e alla menomazione. Sarei tentato di paragonare la vita di un uomo pazzo a quella di un vegetale o di un animale, ma questo non è possibile perché sia il vegetale che l'animale hanno una loro logica di comportamento dettata dall'istinto. La pazzia nell'uomo è quindi una forma di comportamento anomalo, minoritario rispetto a quello della stragrande maggioranza degli esseri umani. Non per questo, comunque, va giudicato e condannato per il semplice fatto che anche la pazzia è un modo di vivere che non conosciamo. Non si può giudicare e quindi assolvere o condannare ciò che non si conosce. E questo vale anche per la malattia deformante a causa di cellule impazzite. Chi ne è interessato va rispettato per il fatto stesso di esistere, perché ogni forma di vita va rispettata senza interventi esterni di nessun genere.

IL PENTITISMO

Oggigiorno assistiamo ad una fase sociale caratterizzata dalla denuncia e dal pentitismo, che nulla hanno comunque a che fare con l'evoluzione sociale della politica, come apparentemente si potrebbe pensare. La denuncia e il pentitismo non sono infatti frutto di un atto di coraggio dovuto alla maturazione di un convincimento per contribuire finalmente, in qualche modo, a dare una inversione di tendenza all'andazzo attuale delle cose, ma metodi infami per rispondere ad altre infamie che caratterizzano i rapporti di parte dei vari gruppi di potere che tediano la nostra società con i loro sporchi interessi finalizzati al lucro.

LA DELINQUENZA

Il problema della delinquenza è un problema indotto dagli scompensi e dalle ingiustizie che caratterizzano la società odierna. Gli scompensi derivano dal fatto che c'è gente che ha troppo e gente che ha niente e il sistema tende a conservare questo stato di cose. Le ingiustizie fanno capo ad una percentuale di disoccupati che non può più essere tollerata. I veri delinquenti, quelli malati che tendono ad azioni criminose e aggressive per soddisfare l'ego di una esistenza deviata e asociale, sono pochi e vanno individuati, curati e reinseriti per quanto possibile nella società. La maggior parte di quelli che noi definiamo delinquenti sono invece persone normali che per vivere commettono atti indegni, giustificandoli come reazioni alle ingiustizie create dai circoli viziosi della società. Queste sono persone che non vanno certo giustificate, ma semplicemente considerate affinché si rifletta sul fatto che il problema della delinquenza non può essere debellato con la forza, la repressione e il carcere, ma con l'intelligenza risolvendo in qualche modo il problema della disoccupazione. Una società giusta è tale solo quando tende ad assicurare per quanto possibile una qualità di vita dignitosa a tutti i suoi componenti e una volta che ci sono i presupposti per far sì che questo si realizzi è bene che si proceda, con chi continua a deviare e a sbagliare nonostante l'acquisizione di un posto di lavoro, verso un sistema di repressione di gran lunga superiore a quello attuale, fino a instaurare, se necessario come deterrente, la pena di morte. Il problema della droga, che rappresenta la maggior fonte di guadagno del mondo criminale, potrebbe essere risolto attraverso la liberalizzazione della stessa che farebbe crollare le relative illegali quotazioni di mercato nero. Ogni tossicodipendente pertanto potrebbe recarsi in una farmacia attraverso l'esibizione di una ricetta medica che ne attesti lo status e la quantità di stupefacenti necessari al superamento della crisi, in attesa che lo stesso venga inserito necessariamente in centri di riabilitazione per poter tornare ad essere utile alla società una volta disintossicato. È chiaro che nel contempo ogni drogato sarebbe soggetto ai diritti e ai doveri imposti dalla legge ordinaria ad ogni cittadino. Soprattutto nel caso di atti criminosi, per quanto riguarda i procedimenti penali, non terrebbero assolutamente conto di attenuanti di alcun genere. Lo stesso dicasi per criminali in balìa di malattie particolari come l'A.I.D.S., ecc., che non avrebbero certo il diritto di arrecare danno alla società solo perché affetti da queste forme di malattie letali e che sarebbero quindi soggetti a procedimenti cautelari da parte di corpi specializzati della polizia di Stato in strutture adeguate, in attesa di giudizio.

COLPA E DOLO DELL'AVVOCATURA

A proposito di giustizia, il codice deontologico dell'Avvocatura deve imporre agli stessi avvocati la garanzia della verità. In caso di colpevolezza palese del proprio imputato, il difensore che ne è a conoscenza deve riferirla nelle sedi più opportune e il suo dovere è solo quello di far sì che l'imputato venga condannato con il minimo della pena. Questo codice di comportamento impedisce ai colpevoli di essere assolti con sentenze di innocenza per non aver commesso il fatto o per mancanza di prove e agli innocenti di essere dichiarati colpevoli, grazie alle abilità procedurali degli avvocati. In caso contrario, ove si accerti non solo la colpevolezza ma soprattutto la malafede dell'avvocato e quindi il dolo a nascondere la verità capovolgendo i fatti, questi dovrebbe essere necessariamente a dir poco bandito dall'Ordine. Le ipotesi di colpevolezza e dolo non dovrebbero esistere solo per gli imputati, ma anche per gli avvocati.

IL MATRIMONIO

In una società civile che sia veramente tale, il matrimonio deve essere un patto indissolubile di fronte agli uomini e a Dio, contraibile soltanto fra un uomo, essere vivente umano dotato quindi di caratteristiche corporee e di riproduzione inconfutabili prettamente maschili, e una donna, essere vivente umano dotato di caratteristiche corporee e di riproduzione inconfutabili prettamente femminili. È consigliabile contrarre il matrimonio solo dopo un lungo periodo di convivenza, al fine di affrontarlo coscienti del fatto che la nascita di eventuali figli è un impedimento insormontabile per la concessione di un eventuale divorzio. Questo infatti riduce i figli, che sono il bene più prezioso della nostra società, a degli incidenti di percorso che devono accollarsi gli oneri di una separazione, con tutte le conseguenze psicofisiche che questo comporta.

L'ESPROPRIAZIONE

L'espropriazione è giustificata solo da scelte di carattere logistico senza possibilità di alternativa che comprovino concretamente il prevalere dell'interesse generale su quello del singolo o dei singoli, senza che questa comporti una svalutazione dei prezzi di mercato relativi ai beni oggetto di esproprio, affinché non si prevarichi e si calpesti impropriamente la tutela dei diritti degli espropriati

L'ISTRUZIONE

L'istruzione deve essere garantita a tutti i cittadini senza oneri di qualsiasi tipo e soprattutto gratis. L'istruzione è infatti la possibilità e la capacità di ognuno di apprendere, per poter meglio erudire sé stessi e per contribuire altrettanto meglio allo sviluppo della società attraverso il lavoro e la ricerca. Essendo quindi il frutto e il prodotto dell'istruzione conseguenzialmente utile allo sviluppo della società, è giusto che la stessa favorisca l'accesso ad ogni tipo, ordine, grado e facoltà scolastica, abbattendo ogni eventuale tipo di barriera che impedisca l'acquisizione di questo di diritto da parte di ogni cittadino.

IL LAVORO

Il lavoro è la capacità e la possibilità di ognuno di contribuire a creare le condizioni, attraverso la propria operosità, per un continuo miglioramento della qualità della vita propria e degli altri, grazie alla produzione di beni e servizi che non devono essere quindi fini a sé stessi

I RECORDS

Colui che raggiunge dei risultati record in qualsiasi campo o disciplina, non ha dei meriti specifici personali che possano esaltare il suo ego, ma soprattutto ha il merito di aver esaltato delle doti in condizioni tali da permettergli di arrivare al top. Doti e condizioni, praticamente indefinite, che se fossero state peculiari di un altro qualsiasi individuo gli avrebbero permesso ugualmente di raggiungere gli stessi risultati eccezionali. I meriti non sono quindi personali, ma umani e vanno esaltati come capacità dell'umanità tutta di migliorarsi. Il fatto poi che questi record possano essere battuti e quindi migliorati da persone diverse, lo conferma e lo dimostra.

DIFFERENZE ANIMALI E UMANE

In natura fra le piante e gli animali, esistono delle distinzioni piuttosto evidenti. È difficile affermare che il baobab e il fungo sono simili, così come il leone e la formica. È giusto quindi che si facciano delle distinzioni di specie e di razza al fine di meglio capire il ruolo e i rapporti fra i diversi componenti della natura, per meglio comprendere la natura stessa. Nel caso dell'uomo è altrettanto difficile cercare di trovare delle differenze così marcate che ci possano far pensare che ne esistano diverse specie e razze. Le sole differenze che notiamo sono di carattere somatico e del tutto trascurabili e additabili solo a conseguenze abitativo-climatiche. È quindi curioso come delle persone si riuniscano in club ed associazioni, a seguito di titoli e riconoscimenti vari, per distinguersi da altre persone. Le distinzioni presuppongono delle differenze e di solito chi le rileva lo fa a proprio favore per enfatizzare degli atteggiamenti altezzosi e di superiorità. E se queste persone in qualche modo si sentono superiori ad altre persone, penso proprio che tendino a divinizzarsi per quanto riguarda eventuali confronti con gli animali o addirittura con le piante. È strano, comunque, come degli esseri che reputino inferiori altri esseri creino inconsciamente quelle stesse gerarchie che, nel caso degli animali e delle piante, sono solo la naturale conseguenza di una diversità di carattere biologico.

L'INTELLIGENZA

L'intelligenza è la capacità dell'uomo di reagire di fronte a situazioni a lui del tutto sconosciute e impreviste nel modo più logico e razionale possibile. Misurare l'intelligenza di una persona è impossibile per un motivo molto semplice: misurare l'intelligenza umana significherebbe limitare le capacità intellettive dell'uomo che invece sono infinite per l'altrettanto semplice motivo che non le possiamo conoscere tutte. Conoscere una o più funzioni della nostra intelligenza non implica assolutamente la conoscenza delle infinite altre funzioni che scaturiscono dalla loro semplice o complessa combinazione.

IMPARARE E APPRENDERE

Imparare significa codificare nel cervello l'entità, apparentemente astratta, che corrisponde ad una qualsiasi cosa o persona del mondo reale. La conseguente fase di memorizzazione è direttamente proporzionale alla più o meno codificazione e memorizzazione di altre parole: più parole si conoscono più è facile imparare, meno parole si conoscono e meno possibilità ci sono di memorizzare, in quanto l'entità corrispettiva cerebrale del mondo reale tende a spostarsi più facilmente, a sfocarsi e infine a svanire se non ulteriormente riproposta nello spazio relativamente vuoto della memoria. Codificare significa individuare attraverso le percezioni sensoriali il corrispettivo di tutto ciò che caratterizza il mondo esterno a noi. La memoria è la fase finale e completa della codificazione e serve a fissare nel cervello gli input sensoriali necessari all'identificazione di una persona o di una cosa. Possiamo paragonare la codificazione ad uno schizzo di un pittore e la memoria al disegno finito.

Apprendere significa arginare le diverse informazioni che altrimenti, come l'acqua che straripa, non hanno utilità ma anzi creano ulteriori problemi confondendo le idee.

LE REGOLE

Le regole sono una conseguenza necessaria applicativa della ragione e se spesso se ne allontanano, addirittura contraddicendola, è perché evidentemente non sono ben applicate.

LA TERRA

Osservando una bambina che invece di colpire la palla vi camminava sopra sostenuta da una ragazza, pensai a quanto dovesse essere difficile se non addirittura impossibile, secondo le dimensioni della palla stessa, camminarvi sopra e rimanerci in equilibrio. Ma non è forse la terra, su cui noi camminiamo e ci muoviamo nelle condizioni di equilibrio più ottimali possibili, una palla?

AGIRE, PARLARE, SOGNARE

Ci sono cose che si possono solo pensare. Ci sono cose che si possono solo dire. Ci sono cose che si possono solo fare. Nel primo caso si sogna, nel secondo si perde tempo, nel terzo si agisce. Sognare fa bene ma non riempie la pancia, parlando ci si illude e si sfugge la realtà, agire è una buona cosa ma non sempre si agisce bene. Agire, parlare e sognare insieme, anche se in ordine di priorità, è la migliore cosa, perché è solo insieme che ti fanno vivere senza farti troppo sognare e senza farti troppo confondere con la realtà.

LA PERSONALITA'

Avere personalità significa assumere un atteggiamento estroso, creativo, non condizionato dalle regole di carattere economico e sociale che si devono seguire senza comunque rinunciare ad essere sé stessi.

ORDINE E DISORDINE

All'origine di ogni cosa c'è il caos che è costituito da ordine e disordine. L'ordine è il bene, il disordine è il male. Il bene è Dio, assoluto e supremo, il male è il caso. L'ordine è giustizia, il disordine è ingiustizia così come lo sono il fato e la fortuna, figlie del caso.

DIO

Pensando all'esistenza o meno di Dio, mi viene spontaneo pensare se è Dio che ha creato noi o siamo noi che abbiamo creato Dio.
Se vogliamo dare una definizione matematica di Dio, possiamo paragonarlo allo zero, perché comincia dove finisce tutto ciò che è negativo.

LA BELLEZZA

La bellezza è come le onde del mare: si presenta in varie forme. Ma così come le onde hanno una unica fonte, il mare, così la bellezza ha un'unica origine, l'amore.

LA CULTURA

Il sapere, la cultura, lo scibile umano sono fini a sé stessi se non hanno utilità sociale

LA SCIENZA

La scienza è la spiegazione tangibile di tutto ciò che conosciamo, ma è ben poca cosa rispetto a tutto ciò che esiste e ignoriamo.

L'ARTE

L'arte è nell'uomo la capacità di adoperarsi in maniera unica e irripetibile.

LA MUSICA

La musica è la capacità dell'uomo di mostrare ai sensi, attraverso il suono, la perfezione dell'armonia

IL VERO UOMO

Il segreto per diventare un vero uomo è di non smettere mai di essere un bambino.

SCRIVERE

Scrivere è come tracciare un punto nell'infinito. È una semplice traccia di qualcosa che potrebbe essere espressa in un'infinità di modi e forme. Ma allora perché scrivo? Scrivo perché ne ho bisogno e tutti i bisogni hanno una causa, ma non una giustificazione. La causa va ricercata in un bisogno di interloquire con qualcuno disposto ad ascoltarti incondizionatamente. Chi quindi meglio di un quaderno come interlocutore, la cui pazienza dipende semplicemente dalla capienza e dal numero delle sue pagine. È strano come a livello mentale si abbia bisogno a volte e spesso di uno sfogo, così come a livello sessuale, e spero che questo sia l'approccio di un rapporto che possa un giorno procurarmi un orgasmo letterario. Scrivere comunque non è un'esigenza di oggi, ma di sempre. Però quello che in passato era un semplice sfogo contraddetto da tanta insicurezza è oggi una scelta più matura sostenuta da maggiore sicurezza nell'esporre ciò che penso, che va ricercata in una piena coscienza di contraddizioni sociali che sminuiscono, fra le tante, le incongruenze che mi riguardano. Scrivere è, ancora, un mezzo per arrivare a conoscere meglio quanto di buono, anche se poco, io riesco ad esprimere. In altre parole, quanto io scrivo e come lo scrivo è uno specchio che riflette il mio io inconscio che mi appaga e mi compiace. È un'esigenza riflessa in un'immagine che tutto sommato mi sorride e mi piace.
Quanto io scrivo è rappresentato da concetti semplici e da dati di fatto inequivocabili che tutti conosciamo e sappiamo consciamente o

inconsciamente, ma non tutti li condividiamo perché non tutti abbiamo interesse a farlo. Ebbene, sappiate che è bene sforzarsi di essere giusti ed equi affinché il debole progredisca e si rafforzi e il forte non soccomba così come ha fatto soccombere.

IL POTERE

Il potere è come il fuoco, se ne hai più di quanto te ne serve prima o poi ti brucia, se ne fai partecipe e lo condividi con gli altri ti riscalda.

INDICE

Tipolitografia "Grafica Cosentina"
Via Bottego, 7 – Cosenza

www.ingramcontent.com/pod-product-compliance
Lightning Source LLC
Chambersburg PA
CBHW020325290526
45785CB00007B/2928